OBSERVATIONS PHILOSOPHIQUES

SUR

Les Systêmes de Newton, le Mouvement de la Terre & la Pluralité des Mondes.

DIALOGUES DES MORTS

SUR

LE SEJOUR DES VIVANS.

OBSERVATIONS PHILOSOPHIQUES

SUR

Les Systémes de Newton, le Mouvement de la Terre & la Pluralité des Mondes.

DIALOGUES DES MORTS

SUR

LE SÉJOUR DES VIVANS.

AVEC

Une Dissertation *sur les Tremblemens de Terre, les Épidémiés, les Orages, les Inondations, &c.*

PAR M. l'Abbé FLEXIER DE RÉVAL,
Auteur du Catéchisme Philosophique.

O Homines ad servitutem paratos! Tac. l. 3, Annal.

A PARIS,
Chez CHARLES-PIERRE BERTON, Libraire, rue S. Victor, vis-à-vis le Séminaire Saint-Nicolas-du-Chardonnet, au Soleil levant.

M. DCC. LXXVIII.

Avec Approbation & Privilège du Roi.

CES OBSERVATIONS parurent, pour la premiere fois, en 1772. Je les avois rédigées en 1766, dans une Univerſité étrangere, où l'attachement pour Newton étoit tel, que perſonne ne s'aviſoit de révoquer en doute la moindre Aſſertion de ce Philoſophe. Il étoit bien moins permis encore, de ne regarder pas le Mouvement de la Terre comme une choſe pleinement démontrée : la Pluralité des Mondes y jouiſſoit de la faveur la plus grande. Naturellement un peu incrédule, je m'amuſai à recueillir quelques Réflexions ſimples, qui n'étoient rien moins que neuves ; mais auxquelles il me ſembloit qu'on ne ſatisfaiſoit pas, quoique les Oppoſans paruſſent ſe contenter des Réponſes qu'on leur donnoit.

De retour dans ma Patrie, je réduisis mes Observations en Dialogues, & les fis imprimer. Depuis cette époque, je n'ai pas perdu de vue ce qui pouvoit les renforcer ou les affoiblir. J'ai lu tous les Ouvrages de quelque réputation, qui ont paru depuis sur ces matieres : je crois les avoir examinés sans prévention. Bien-loin de pouvoir me détromper, en faveur des opinions dominantes, je me suis su gré de mon indocilité. De nouvelles Réflexions sont venues à l'appui des premieres, & ont achevé mon inconviction. C'est le résultat des unes & des autres, que présente cette seconde Edition.... Je n'attache à ce petit Recueil aucune importance ; je prévois bien que peu de Gens le liront avec l'impartialité & l'attention nécessaires dans l'examen d'un Ouvrage opposé au torrent des ſyſtêmes les plus accrédités : mais le ſuffrage de ce petit nombre me ſuffit, & ce n'eſt que pour lui que j'ai écrit ; tout-à-fait réſigné aux clameurs & à la réſiſtance de la multitude :

Neque te ut miretur turba, labores,
Contentus paucis Lectoribus. Hor. Lib. I. Sat. 10.

Quant à l'idée de faire dialoguer les Morts, j'avoue qu'elle n'eſt rien moins que neuve, & que peut-être elle n'eſt pas aſſez ſpirituelle, pour que le goût en eût pu ſe ſoutenir long-temps. Il paroît d'ailleurs bien plus raiſonnable de faire examiner les ſyſtêmes de la Phyſique actuelle par les Vivans que par les Morts. Malgré ces raiſons, j'ai cru pouvoir employer cette maniere de diſſerter, préférablement à toute autre. Les Morts ont perdu les préjugés ; ils ont renoncé aux ſyſtêmes, ou, s'ils y tiennent encore par quelques endroits, les liens ſont foibles, &

ſe conſument peu-à-peu, comme dit un Ancien, pour ne laiſſer ſubſiſter de l'ame, que la flamme pure, & l'air céleſte, dont elle eſt compoſée (*a*); c'eſt-à-dire, une raiſon dégagée des paſſions, & ſéparée du tumulte des prétentions ſcientifiques. Par-là ils s'écoutent réciproquement avec un flegme admirable, & argumentent, avec un calme parfait, dans les plaines paiſibles de l'Eliſée. C'eſt avec la même tranquillité qu'il faut les écouter, pour juger ſainement de leurs raiſons.

(*a*) . . . *Longa dies, perfecto temporis orbe,*
Concretam exemit labem, purumque reliquit
Æthereum ſenſum, atque auraï ſimplicis ignem. Æneid. Lib. VI.

DIALOGUES DES MORTS

SUR LA DEMEURE DES VIVANS,

Où l'on discute différentes Observations sur les Systêmes de Newton, le Mouvement de la Terre, & la Pluralité des Mondes.

PREMIER ENTRETIEN.

Sur la Nature des Démonstrations Newtoniennes.

NEWTON & M. HUET (*a*).

NEWTON.

IL FAUT AVOUER, Monsieur, que vous êtes mort quelques années trop tôt. Si

---

(*a*) M. Huet ne possédoit pas seulement

vous aviez pu voir les progrès de l'esprit humain & la vogue de mes Systêmes, tels que les nouvelles, arrivées du séjour des Vivans, l'annoncent tous les jours, vous eussiez abandonné le Scepticisme que vous professiez à l'égard de toutes les sciences, & vous eussiez signé l'évidence de mes Démonstrations.

M. Huet.

J'ai vécu 91 ans : mes doutes augmentoient avec mes connoissances & mon âge. Si j'avois poussé ma carriere au-delà, je crois que, hors des matieres

---

les Langues, les Antiquités, &c. ; mais il étoit très-versé dans les Mathématiques. Il érigea une Académie de Physique, dont il fut le Chef. « Nul genre de Littérature, dit » l'Auteur des *Deux Ages du Goût & du* » *Génie François*, n'étoit étranger à ses » lumieres, ni indifférent à son esprit. » Son traité *De la Foiblesse de l'Esprit Humain*, l'a fait regarder comme un vrai Pyrrhonien dans les sciences humaines. On l'oppose ici à Newton, qui prétendoit démontrer toutes ses assertions.

de Religion, je n'aurois plus fait de proposition affirmative.

NEWTON.

Seroit-il possible que vous pensassiez comme Bayle, qui *voulut, dans ses vieux jours, ergoter contre l'évidence des démonstrations mathématiques?* ou bien comme M. de Voltaire, qui, à ce que quelques Ombres nouvellement arrivées assurent, *doute un peu de cet axiome : deux & deux sont quatre?*

V. le tom. 8 de la Bibliothéque ancienne & moderne de M. le Clerc.

Paroles de M. de Voltaire à M. Clark.

M. HUET.

Quand cela seroit, vous ne m'en voudriez, sans doute, pas plus de mal, que vos plus zélés Disciples n'en veulent à Bayle & à M. de Voltaire, dont ils sont la plupart grands admirateurs : mais mon Pyrrhonisme n'a jamais été jusques-là.

NEWTON.

Il faut bien qu'il aille jusques-là, puisque vous rejettez mes Démonstrations.

M. HUET.

Je ne rejette pas vos Démonstrations; je les signe volontiers : je ne rejette pas même vos Systêmes, puisque je n'en rejette aucun ; je me contente d'en douter.

NEWTON.

Il faut que vous ayez une grande inclination à douter, pour renoncer, ainsi de plein gré, au plaisir de décider & de démontrer. Il semble que vous distinguez mes Systêmes de mes Démonstrations : que voulez-vous dire?

M. HUET.

Vos Démonstrations ne peuvent être fausses que selon Bayle & M. de Voltaire (*a*) ; mais vos Systêmes le sont

---

(*a*) Quelques Ecrivains ont grossi la liste des Sceptiques en Géométrie, en y plaçant le Pere Hardouin : mais il est certain que ce Jésuite ne nioit pas la certitude des véritables démonstrations ; il disoit que celles qu'on nous donnoit comme telles, ne l'étoient pas toujours. Il pensoit même qu'il

peut-être. Vos Démonstrations sont un résultat de calculs, qui ne peut manquer d'être juste, si les régles du calcul y ont été observées. Mais vos Systêmes portent sur mille suppositions arbitraires, dont quelques-unes paroissent incertaines, d'autres fausses, ou même absurdes ; & dès-lors je vois de la différence entre vos Démonstrations & vos Systêmes.

NEWTON.

Ce qui est faux, ne sauroit être démontré ni calculé exactement.

---

n'étoit pas toujours possible de savoir si elles étoient telles ou non. Sans parler des suppositions sur lesquelles elles sont bâties, on voit, dès l'entrée de la Géométrie, des raisonnemens qui paroissent des démonstrations, & qui ne le sont pas. Le Pere Hardouin croyoit qu'il y en avoit de semblables dans une Géométrie plus sublime & plus intriguée, dont on n'avoit pas encore reconnu le foible. Tout cela paroîtra fort raisonnable à un homme qui a beaucoup lu & beaucoup réfléchi.

M. Huet.

Le faux ne peut être démontré ; mais il peut être calculé. Les cieux cryſtallins & les épicycles de Ptolomée ont été calculés comme vos attractions. On prédiſoit les oppoſitions, les conjonctions des aſtres, toutes les révolutions céleſtes, comme vous les prédiſez dans votre Syſtême. Tycho prit goût pour l'Aſtronomie à la vue d'une éclipſe calculée à l'ancienne mode, arrivée préciſément au moment prédit par les Ptolomaïciens. — Penſez-vous qu'on n'eût pu calculer l'horreur du vuide, & lui aſſigner des régles ? Ne ſavez-vous pas qu'on a calculé des fauſſetés palpables ? Huygens n'a-t-il pas calculé la ſoi-diſante parallaxe des étoiles fixes (*a*) auſſi

(*a*) Cette parallaxe peut être regardée comme très-douteuſe par les gens du caractere de M. Huet, juſqu'à ce qu'on l'ait prouvée tout autrement qu'elle ne l'a été juſqu'ici. On en parlera ci-après.

exactement, par sa méthode illusoire, que les autres par la vraie ? — Vos Disciples n'ont-ils pas calculé les forces de l'attraction dans les tubes capillaires, & d'autres phénomènes, quoique les mêmes calculs se prêtassent aux explications des Carthésiens ? — Un célèbre Physicien a prétendu montrer que, selon vous, la lune ne feroit le tour de la terre que dans l'espace de 600 ans; s'il s'est trompé, son calcul du moins est très-fidele, & on ne peut le taxer d'avoir mal compté. — Le Clavecin optique du Pere Castel étoit calculé & combiné aussi géométriquement que l'acoustique, & fut néanmoins sans effet. Képler, au contraire, raisonnoit & calculoit d'une maniere absurde, pour prouver la rotation du soleil; & cette rotation a été depuis reconnue très-réelle. — Sigorgne n'a-t-il pas calculé la prétendue rétrogradation de l'aphélie de saturne, & établi là-dessus l'é-

Felici methodi erroneæ cum legitimâ consensu.

Scherffer, Instit. Phys. T. 2. p. 145.

V. les Mémoires de Trév. 1753 Fév. p. 479.

vidence de la gravitation ? (*a*)

Vos plus zélés Disciples ont reconnu que l'exactitude des calculs ne faisoit point preuve en faveur d'une opinion philosophique. Ils ont dit, qu'il n'y avoit point de fausseté dont on ne pût calculer exactement le résultat, moyennant certaines suppositions préliminaires, grand nombre d'exceptions, de longues observations, &c. Par exemple, si je croyois que le chemin de Bruxelles à Rome passât par l'Espagne, je pourrois tellement partager & calculer le voyage d'un homme qui s'y rend réellement par la Suisse, sûr-tout après avoir observé souvent le temps qu'on

Non semper veriora sunt quæ calculis se accommodant. Scherffer, Inst. Phys. T. 2. p. 613.

(*a*) Aujourd'hui le résultat des calculs est que cet aphélie est *à toto* direct, & on en conclut également le triomphe de l'attraction. Le *pour* & le *contre* servent indifféremment aux Systémateurs ingénieux : quand une fois ils ont imaginé, ils vont leur train, suivant l'expression de l'Ecriture, & ne se laissent arrêter par aucune difficulté : *Ibunt in adinventionibus suis*. Ps. 80.

y met, corrigé mes erreurs par l'expérience, inventé & supposé mille & mille choses ; je pourrois, dis-je, tellement calculer, que je déterminerois exactement le jour de son arrivée à Rome. Ce calcul pourroit même être plus juste que celui que feroit un autre, en supposant que cet homme passât par la Suisse. Je supposerois l'Espagne moins éloignée, la marche du Voyageur plus rapide, ses journées plus fortes. Le calcul une fois fait, tous ceux qui iroient de la même façon, en prouveroient l'exactitude. Ceux qui iroient de Bruxelles à Rome par le Languedoc ou par la Baviere, arriveroient comme ceux que je supposerois aller par le Portugal, & ainsi du reste. Mes calculs se donneroient la main, l'un prouveroit l'autre, & on crieroit à la démonstration.

Un célèbre Carthélien a bien exprimé cette vérité dans un Ouvrage, dont ses adversaires mêmes ont fait l'éloge. (a)

Anti-Luc. L. 4.

Nec redimit genus hoc vitii perfecta Mathesis :
Scilicet illa modos tantùm describit agendi ;
Naturam verò non investigat agentis :
Cùm fieri possit numeros det ut Algebra rectos
Absurdo ad libitum posito. . . .
Si fretus Ptolomæo , operosos orbibus orbes
Adjicerem , usquè novis cœlum intricans epicyclis ;
Legitimos possem numeros implere, quid indè ?
Veraces numeri , mendax at causa subesset.

(a) Les Auteurs du *Nouveau Dictionnaire Historique* , disent que les Newtoniens reprochent , à M. de Polignac , *d'avoir tenté de combattre les Découvertes de Newton , & d'avoir adopté le Systême de Descartes.* Ce second reproche est fondé ; &, sans doute , qu'une réfutation de l'épicuréisme devoit être indépendante de toute hypothèse : mais il est faux que ce Physicien-Poëte ait combattu les découvertes de Newton ; il a combattu ses opinions , & quelques-uns de ses principes , qu'on ne peut prendre pour des *découvertes* , à moins qu'on ne soit saisi de l'enthousiasme des Systêmes. Les Rédacteurs de ce Dictionnaire ont pris en tout le ton actuel des Savans , & se sont fait l'écho le plus servile de tous les jugemens de vogue.

Enfin l'on m'assure que M. de Buffon tient encore aujourd'hui, parmi les Vivans, des discours tout semblables à celui-ci, & qu'un attachement, souvent trop fidèle à vos idées, ne l'empêche pas de les contredire quelquefois : « La démonstration des effets » mécaniques, comme la puissance des » léviers, des poulies, &c., appar- » tiennent entièrement aux Mathéma- » tiques....; mais l'on tombe dans de » grands inconvéniens, lorsqu'on veut » appliquer la Géométrie & le calcul à » des objets dont nous ne connoissons » pas assez la propriété pour les me- » surer ; on est obligé, dans ces cas, » de faire des suppositions toujours » contraires à la Nature, de dépouiller » le sujet de la plupart de ses qualités, » d'en faire un être abstrait, qui ne » ressemble plus à l'être réel ; & lors- » qu'on a beaucoup raisonné & calculé, » sur les rapports & les propriétés de » cet être abstrait, & qu'on est arrivé

Hist. Nat. tom. I. p. 60. 61.

» à une concluſion tout auſſi abſtraite,
» on croit avoir trouvé quelque choſe
» de réel ; ce qui produit une infi-
» nité de fauſſes conſéquences &
» d'erreurs. »

NEWTON.

Vous gardez votre caractere, & vous voulez m'accabler par l'érudition qui a rendu ſouvent vos Ouvrages plus impoſans que ſolides. Je ne rejette point l'Obſervation que vous faites ; mais je prétends que les ſuppoſitions ſur leſquelles mes calculs ſont fondés, ne ſouffrent point de contradiction. J'ai ſuppoſé le Syſtême de Copernic démontré ; j'en ai fait la baſe du mien. La force de projection & d'attraction, & leurs propriétés, ſont confirmées par mille expériences. Il eſt certain que les aſtres parcourent des ellipſes. Quelles ſont les fauſſes ſuppoſitions ſur leſquelles vous prétendez que mes calculs ſoient bâtis?

M. HUET.

Vous répétez là un reproche qu'on a déja fait à mes Ouvrages ; mais dont tout le monde néanmoins ne convient pas. Quant aux suppositions qui font la base de vos calculs, elles ne sont point aussi incontestables que vous paroissez le croire. Je ne vous dirai point que je n'ai pas justement, du Systême de Copernic, l'idée qu'on en a assez généralement aujourd'hui. Je ne prétendrai pas que les astres parcourent des cercles excentriques, & que des calculs très-variés, & souvent fondés sur des suppositions arbitraires, n'ont pas encore prouvé évidemment la course elliptique; que les épicycles de Ptolomée étoient aussi-bien mesurées que vos ellipses, &c. Mais je ne conçois pas sur quel fondement vous avez placé le centre du soleil à côté de celui de l'univers, sinon parce que cela vous a paru nécessaire à l'Architecture de votre Syſtême, quoique quelques-uns de vos Diſciples aient nié cette néceſſité. Je conçois encore moins pourquoi vous avez fait tourner le ſoleil ſur ſon centre, & en même temps ſur celui du monde ; ce qui me ſemble renfermer une contradiction manifeſte, puiſque ces deux centres, ſelon vous, ſont différens (*a*); & qu'il eſt bien certain qu'un globe ne peut tourner que ſur un ſeul point. — Vous fixez l'éloignement des aſtres & leur grandeur reſpective, par un décret ſans appel, & vous meſurez là-deſſus les forces de l'attraction, quoiqu'il n'y ait pas deux Aſtronomes qui ſoient d'accord ſur ces points. — Vous faites donner aux globes céleſtes une impulſion directe par le

---

(*a*) Le centre de l'univers, ſelon Newton, eſt dans le ſoleil ; mais pas dans le centre du ſoleil. Si donc le ſoleil a un mouvement de rotation autour de ſon centre & autour du centre du monde, il a deux mouvemens incompatibles & deſtructifs l'un de l'autre.

Créateur, que vous prétendez subsister même en sens contraire, comme il arrive quand la planete approche du Périhélie. — Vous donnez, ou du moins vos Disciples, pour sauver votre Systême, ont donné à la lune un cours différent de celui des Satellites de Jupiter & de Saturne, prétendant qu'elle ne faisoit pas le tour de la terre; mais qu'elle paroissoit le faire à raison de je ne sais quelle marche tortueuse & bizarre (*a*). — Les expériences que vous

(*a*) Voyez cette route singuliere dans les nouveaux Ouvrages des Newtoniens, en particulier dans les *Institutions Physiques*, qu'on enseigne dans l'Université de Vienne, par le Pere Scherffer, *Tom.* 2, *p.* 51. Les objections de leurs adversaires ont réduit les Newtoniens à imaginer ce cours exotique de la lune pour empêcher qu'elle ne fût enlevée par le soleil. Mais cet expédient n'a rien de satisfaisant pour des gens non-prévenus, & il reste certain, 1.° que dans les principes newtoniens, la lune, au perihélie, appartient de tout droit au soleil; 2.° que cette singularité, dans le cours de la lune, est contraire à l'analogie & à la simplicité des révolutions célestes.

citez en faveur de l'attraction, s'expliquent également bien & souvent mieux dans les autres Systêmes. M. d'Alembert vient, dit-on, d'avertir encore vos Disciples que « L'extension du principe » de l'attraction aux corps qui nous » environnent, est un point sur lequel » les Philosophes ne peuvent être trop » réservés »....

Mél. de Lit. d'Hist. & de Phil. T. 4. p. 241.

NEWTON.

Vous ne finirez pas, je pense; tant de choses demandent des discussions infinies pour être bien éclaircies. Je ne puis maintenant vous rendre raison de tout cela. Mais, pouvez-vous croire qu'on ne soit point parvenu à déterminer exactement l'éloignement & la grandeur du soleil & des planetes? Ne savez-vous pas que, selon les dernieres nouvelles arrivées du séjour des Vivans, un savant Auteur a reproché au Pere Hardouin, comme une obstination incroyable, d'avoir pensé comme vous?

M. HUET.

Comment voulez-vous que je pense autrement, quand je vois que de cent personnes qui vont, la toise à la main, arpenter la distance des planetes, il n'y en a pas deux qui se réunissent dans la même conclusion ? Ne suis-je pas en droit de dire, aussi-bien que Cicéron, que peut-être tous les calculs sont faux ; mais qu'assurément il n'y en a pas deux de vrais : *In hac sententiarum varietate, alterum fieri profectò potest, ut earum nulla, alterum certè non potest, ut plus unâ sit vera ?*

NEWTON.

Il est vrai que les Anciens formoient là-dessus des calculs fort différens les uns des autres ; mais depuis la perfection de l'Astronomie, on sait exactement à quoi s'en tenir. Comment, sans cela, la célèbre régle de l'immortel Képler pourroit-elle faire la base des Tables Astronomiques ? Que deviendroient mes attractions, dont la force est, en raison inverse, du quarré des distances ?

M. HUET.

Ce n'est pas de quoi je m'inquiète infiniment. La régle de Képler, & vos attractions, deviendront ce qu'il vous plaira (*a*); mais je ne puis acquiescer à la différence que vous mettez entre les anciens Astronomes & les nouveaux. Vous parlez de Képler : eh-bien tenons-nous-en à son calcul, & disons, par exemple, que la distance moyenne de la terre au soleil, qui est une des plus aisées à connoître, est de 1768, demi-diamètres terrestres. Cassini & Wolff vont attaquer notre crédulité, & le premier prétendra que Képler s'est trompé au-delà de l'imagination; que cette distance est de 22000 demi-diamètres. Wolff enchérira encore sur Cassini, & en mettra 34377, tandis que Riccioli n'en veut que 7327,

(*a*) Quelques-uns prétendent concilier tout cela avec l'ignorance de l'éloignement des astres; c'est bâtir sur un principe, & en avouer l'incertitude.

Tycho 1150, Copernic 1142. On auroit cru que le dernier passage de Vénus en 1769, observé, comme on nous l'a dit, avec tant de pompe, dans toutes les plages de la terre, finiroit enfin ces divisions par une détermination exacte de la parallaxe du soleil. M. de la Lande, ayant comparé les Observations des Sieurs Dymon & Wales, faites au Fort de Galles, avec celles de Cajanebourg (*a*), a trouvé que la parallaxe, qui a lieu dans les distances moyennes du soleil à la terre, doit être de 9″ $\frac{3}{17}$; ce qui donne la distance, du soleil à la terre, de 22477 demi-diamètres. De cette façon, tout

(*a*) On croit se rapprocher du vrai, en prenant le milieu de deux Observations, & on ne considere pas qu'on s'en éloigne peut-être davantage. 1.° Si l'une des deux est vraie, il est évident que le milieu est une erreur : 2.° si toutes les deux augmentent ou diminuent la distance au-delà du vrai, le milieu m'égare plus que celle qui la diminue ou l'augmente le moins.

le Système planétaire est rétréci pour ceux qui supposoient, avec M. de la Hire, la parallaxe de 6" $\frac{3}{17}$; mais de l'autre côté, ses bornes sont reculées, pour ceux qui admettoient la parallaxe du soleil de 10". On espéroit qu'on s'en tiendroit enfin à ce calcul, résultat de tant d'Observations bruyantes; mais ce même M. de la Lande, ayant comparé les Observations que l'Abbé Chappe avoit faites au 23e degré 3' 27" de latitude, avec celles de Cajanebourg & de Warthus, a trouvé que la parallaxe du soleil étoit de 8" $\frac{1}{2}$, & que cet astre étoit éloigné de la terre de 30523 demi-diamètres (*a*). Ce calcul fera place à son tour à celui qui éclorra de quelques nouvelles Observations.

(*a*) Comment, après cela, M. de la Lande peut-il dire que *l'incertitude, sur la distance du soleil à la terre, n'est que de deux cens mille lieues*? [Abrégé d'Astron., n.° 1100.] En vérité, il y a des cas où l'on est tenté de croire qu'une étude trop assidue des sciences exactes, déroge quelquefois à l'exactitude.

NEWTON.

N E W T O N.

On voit que vous êtes bien servi en nouvelles, & que vous savez ce qu'on a écrit là-haut depuis votre descente en ce sombre séjour, aussi-bien que ce qu'on a écrit de votre temps. Vous ramassez tout ce qui peut fortifier votre Pyrrhonisme, avec autant d'application, que si vous étiez encore au nombre des Auteurs Vivans. Un ancien Poëte a bien dit : *Quæ gratia* 6. Æneid.
vivis .... quæ cura .... eadem sequitur tellure repostos.

M. H U E T.

Il ne faut pas grande érudition ni grande correspondance avec les Vivans, pour savoir à quoi s'en tenir en pareille matiere. M. Gravesande, qui est ici depuis 1742, a tenu plusieurs fois, aux Ombres de vos Disciples, le même discours que je vous tiens actuellement (*a*) ; & le célèbre Scheuchzer, Auteur de la Physique sacrée, qui est arrivé en 1733, m'a dit que, faisant l'éloge de la régle de Tom. 6, p. 1167. Képler, & sentant la nécessité de la certitude des distances, il n'avoit pû trouver que trois Tables qui s'accordassent pour la distance du soleil, & que celles-là même étoient fort différentes entr'elles quant aux autres planetes ; que l'une donnoit à l'éloignement de Saturne 3198 demi-diametres plus que les autres. Un savant Académicien étoit si persuadé qu'on ignoroit ces distances, qu'il prétendoit se servir de la régle de Képler pour les dé- Mém. de l'Acad. des Sciences, ann. 1705. terminer, & prouver le principe par la conséquence : encore eût-il fallu

(a) *Ejus conditionis res est, ut non detegatur nisi conferendo computationem cum observationibus ; sed computatio tabulas eum in finem constructas pro fundamento habet, & has satis accuratas esse ad quæstionem solvendam, quis affirmabit?* Elem. Phys. 2632.

ſavoir une de ces diſtances, pour qu'on eût pu ſuivre cet avis (*a*).

NEWTON.

Pluſieurs Aſtronomes, dont les calculations ſont différentes, dès qu'ils ont une fois déterminé la diſtance d'une planete, ſont uniformes dans la diſtance reſpective & proportionnelle des autres planetes ; & ainſi leurs Obſervations ſe donnent la main, & ſe confirment mutuellement.

(*a*) Delà vient que les Livres élémentaires, pour donner aux jeunes gens une grande idée de la régle de Képler, la leur repréſentent comme un moyen ſûr de déterminer les diſtances, quoique la vérification de cette regle dépende abſolument de la connoiſſance des diſtances. Paralogiſme ridicule, qui met la theſe en preuve & la preuve en theſe. *Quæres, quanta ſit planetarum primariorum à ſole diſtantia? Reſpondeo, medias planetarum diſtantias eſſe, juxta regulam Kepleri, prout ſequitur, &c.* Curſus Philoſ. ad Schol. uſum, auth. Petro Lemonnier, Tom. 4, p. 207.

M. HUET.

1.° Cela est faux, comme on peut le voir par la comparaison des Tables.

2.° Comment peuvent-ils convenir de la distance de Jupiter, par exemple, au soleil, respectivement à la distance de la terre au soleil, s'ils ne peuvent convenir de cette derniere distance, qui est bien plus aisée à prendre?

3.° Ceux qui ont suivi cette proportion, ont pris la régle de Képler pour principe, en déterminant l'éloignement par la vîtesse, au-lieu de déterminer la vîtesse par l'éloignement.

Au reste, ne soyez pas surpris du peu de succès de nos Astronomes, à déterminer la hauteur & la grandeur des astres. Nos Géomètres n'ont pu encore mesurer la terre qui est sous leurs yeux & leurs mains; leur arpentage n'a fait qu'embrouiller cette matiere

& maintenir l'incertitude (*a*). Y a-t il quelque grande montagne sur la hauteur

(*a*) La terre ne peut être mesurée sans qu'on sache l'étendue de chaque degré dans la direction du méridien : or cela ne se fait pas. Picard & Cassini ont trouvé les degrés méridiens, ou de latitude plus longs vers l'équateur : les Observations faites par ordre de la Cour de France, à Tornea en Laponie, & à Quito en Amérique, disent au contraire que les degrés de latitude sont plus petits vers l'équateur, plus longs vers les poles. M. de la Perriere, (*Moyen infaillible de calmer nos frayeurs sur la fin du monde, &c. à Paris, 1773*), a tout récemment prétendu la même chose. Enfin quelques Mathématiciens, rebutés par la différence des calculs qu'ils remarquoient dans toutes les Observations, ont avancé que les deux hémispheres pourroient bien n'être pas égaux; d'autres ont soutenu que la terre avoit au moins de grandes irrégularités dans sa figure, & que ses méridiens n'étoient pas semblables. Ce sont sur-tout MM. de Buffon, de la Condamine, de Maupertuis, qui ont penché vers ce dernier sentiment, que le P. Boscovich a entrepris de mettre dans tout son jour, pour démontrer, sans doute, que la terre n'est point mesurable, conformément à ce passage de l'Ecriture : *Quis posuit mensuras ejus, si nosti? vel quis tetendit super eam lineam?* Job. 38.

de laquelle ils aient été d'accord (*a*)? Quelle énorme différence n'y a-t-il pas quelquefois dans leurs comptes? On diroit que Dieu s'est réservé la

(*a*) Voyez quelques judicieuses réflexions là-dessus dans le P. Kircher. *M. subt. Part. I. L. 2. C. 14 : Qui difficultatum occurrentium scopulos sagaciori mentis trutinâ ritè expenderit, is forsan pro natâ proportione eandem difficultatem quam vel in ipsis stellis dimetiendis reperiet, &c. . . . Ostendit difficultatem operis montis Baldi, in agro Veronensi sublimi vertice eminentis, & a foro Nævii 75 milliaribus distantis, à Blancano nostris temporibus facta dimensio; montis altitudo inventa fuit 860 passuum Bononiensium : sed Cabeus, re penitùs expensâ, ejus altitudinem posteà invenit 1190; nequè hic Ricciolo satisfacit; omnibus enim ritè discussis montis altitudinem assignat duplam ei quam invenerat Blancanus, videlicet 1654. Cui itaquè ex hisce tribus subscribam, dispicere nequeo.* Il prouve ensuite la même chose par un autre exemple, & par une expérience qui ne souffre point de réplique. On dira que depuis que les instrumens sont perfectionnés, les calculs sont uniformes : mais on vient de voir combien cela est faux à l'égard des astres, & il en est de même pour les montagnes. Peut-être aucune mon-

connoissance de l'élévation des grandes montagnes, comme celle de l'éloignement des astres : *Et altitudines montium ipse conspicit.* Ps. 94.

---

tagne n'a-t-elle été aussi souvent mesurée que l'Etna, & sa hauteur est toujours un problême. Kircher prétend l'avoir trouvée de 4000 toises françoises, hauteur plus considérable que celle d'aucune montagne connue. Les Géomètres d'Italie vont cependant encore au-delà : car quelques-uns disent, qu'il est élevé de huit milles d'Italie, tandis que d'autres le réduisent à six, d'autres à quatre. Amici, le dernier & le plus exact de ceux qui ont entrepris ce travail, suppose son élévation de 3264 pas géométriques (16320 pieds) : mais M. Brydone, (*Voyage en Sicile & à Malte, traduit de l'Anglois par M. Meunier, 1775*), croit qu'elle n'est que de 12000 pieds. Deux Géomètres, ayant mesuré, depuis peu, le Mont-Pilate, près de Lucerne, l'ont trouvé, l'un de 1403 toises, l'autre de 1198. Ces différences ne sont assurément pas petites. — Je ferai voir, dans un autre Ouvrage, que les calculs résultans des variations du baromètre, ne sont pas plus uniformes ; mais cette maniere de mesurer n'a rien de commun avec les astres.

NEWTON.

Grand nombre de mes Disciples s'accordent assez bien, & s'en tiennent à mes calculs sans beaucoup raisonner. (*a*)

M. HUET.

M. de Voltaire.

Un homme qui est attendu ici tous les jours, a dit que vous aviez *raisonné, prouvé, calculé pour eux*. Votre hypothèse ne leur a paru susceptible

(*a*) Le Pere Castel remarque que la plupart des Newtoniens sont des gens qui croient se tirer de la foule par *un air de géométrie & de profondeur*, emprunté d'un Systême qu'ils n'entendent pas. (*Systême de Newton*, *p. 3.*) — M. de Voltaire ajoute que l'*Autos epha* est revenu pour eux ; qu'ils jurent par Newton, comme les Pythagoriciens par leur Maître, comme les Arabes par Aristote. *O imitatores, servum pecus!* H. — Un autre disoit qu'il en étoit du Newtonianisme, comme des sectes du seizieme siécle. Les Savans de ce temps-là, & ceux qui vouloient le paroître, étoient charmés de trouver par-tout du Grec & de l'Hébreux ; toutes les controverses en étoient farcies : on prétendoit découvrir la parole de Dieu, par le moyen de ces Langues ignorées du vulgaire, comme on explique aujourd'hui la Nature par l'Algèbre.

d'aucun progrès; & tandis que tous les Systêmes se perfectionnent, vous êtes encore aujourd'hui le meilleur des Newtoniens. D'ailleurs puisqu'ils suivent vos attractions, & qu'ils en défendent les régles, il faut bien qu'ils admettent des calculs qui en sont la base; c'est justement cette nécessité qui rendoit ces sortes de calculs suspects à Gravesande : *Tabulas* EUM IN FINEM CONFECTAS *satis accuratas esse quis affirmabit?* C'est ainsi que Bradley a déterminé la vîtesse de la lumiere, selon que l'exactitude de ses calculs l'exigeoit. L'œil & l'esprit d'un Observateur systématique sont partiaux : ils favorisent ses opinions.

NEWTON.

En vérité vous me pervertiriez presqu'après ma mort. Si je vous écoutois long-temps, l'évidence de mes Démonstrations m'échapperoit peut-être; je deviendrois Pyrrhonien comme vous : &, après avoir nié la Trinité, comme Socin (*a*), je nierois tout, ou je douterois de tout, comme Bayle.

M. HUET.

Je n'ai été Pyrrhonien que dans les ſciences humaines, & ſeulement quant aux choſes qui ne me ſembloient point aſſez prouvées, où il y avoit de grandes raiſons pour & contre. On crioit, de part & d'autre, à la démonſtration ; quelquefois un parti opprimoit l'autre, & dominoit ſeul dans la République des Lettres ; je ne me laiſſois point prévenir, je gardois la neutralité, & je doutois : je croyois tout poſſible ; mais je ne voulois me rendre qu'à l'évidence.

NEWTON.

On a prétendu, qu'en matiere de Religion, vous n'étiez pas plus décidé.

M. HUET.

De mon vivant, perſonne n'a ſongé à calomnier mon attachement ſincere

(*a*) On aſſure que Newton a pris goût pour les argumens des Sociniens, parce que les nombres *un* & *trois* y étoient ſans ceſſe répétés, & que cette preuve arithmétique, qui s'accordoit avec ſon génie, lui paroiſſoit une démonſtration ſans réplique.

au Christianisme. Je lui avois voué mes talens, & je suis mort dans une maison religieuse, où je m'occupois à en méditer les grandes vérités : la foiblesse de l'esprit humain, l'incertitude de ses connoissances, ne m'ont donné que plus d'attachement pour l'unique science que le grand Paul professoit. Ceux qui croient aisément, ne savent pas assez estimer la Foi. L'esprit s'attache à la Religion à proportion qu'il ne trouve point autre chose à quoi il puisse acquiescer. On a calomnié, sur le même point, MM. Bossuet, Fénélon, & tous les Défenseurs de la Religion (*a*). Ne savez-vous pas que les Incrédules cherchent des Collégues par-tout ? Ils ressemblent aux gens ivres

Non enim judicavi, me scire aliquid inter vos nisi Jesum Christum. 1. Cor. 2.

(*a*) « L'impiété, dit M. Séguier, ne » craint point de violer la cendre des morts, » de calomnier leur esprit, & croit peut-» être encore honorer leur mémoire. Elle » les ressuscite pour tirer des noms connus, » qu'elle usurpe, l'ascendant dont elle a » besoin. Par-là elle met le tombeau pour » barriere entr'elle & les poursuites qu'elle » redoute. » *Requis. du 15 Août 1770.*

qui veulent toujours faire boire ceux qui sont de sang froid : ils cherchent un soulagement au malheur de l'incrédulité, & croient le trouver dans le grand nombre de ses partisans. L'autorité des grands hommes, qui ont professé le Christianisme, les effraie ; ils voudroient persuader que cette Religion sainte n'est que pour le peuple.

Lacerant sanctum propositum, & remedium pœnæ suæ arbitrantur, si nemo sit sanctus, si turba sit pereuntium, si omnibus detrahatur. Hier., Ep. 45, L. I.

NEWTON.

Vous parlez encore en Théologien & en Evêque. Je pense assez comme vous sur l'incrédulité, & j'ai toujours fait profession du Christianisme : mais abandonné à mes lumieres, & nourri dans une secte destituée de toute autorité, de toute régle de Foi, j'ai fait des Systêmes en matiere de Religion (*a*),

(*a*) « Le Chevalier Newton, dit M. Ramsay, grand Géomètre, & nullement Métaphysicien, étoit persuadé de la vérité de la Religion ; mais il voulut rafiner sur d'anciennes erreurs orientales, & renouvella l'arianisme par l'organe de son fameux disciple & interprete M. Clark, qui m'avoua, quelque temps avant que de mourir, combien il se repentoit d'avoir fait imprimer son Ouvrage. » *Lettre à M. Racine.*

comme en matiere de Physique. Votre *Traité de la Foiblesse de l'Esprit Humain* est un excellent Ouvrage : quoique vous en soyez un peu redevable à *Sextus Empyricus*, dont vous n'avez pas mal pillé les hypothèses pyrrhoniennes.

M. HUET.

Ceux qui ont lu mes Ouvrages, doivent savoir combien j'ai été éloigné de m'attribuer ceux des autres. Mon *Traité de la Foiblesse de l'Esprit Humain* est l'expression de mes sentimens, & le fruit de mes réflexions. Quand on y trouveroit des pensées d'un Auteur plus ancien, il ne s'ensuivroit pas que je les eusse prises de lui ; & quand j'en aurois fait usage sans le citer, je n'en serois pas plus coupable que vous ne l'êtes des lumieres que vous avez puisées dans *Grégoire de Saint-Vincent*, & d'autres Géomètres, dans lesquels on découvre des sources que vous avez eu soin de dissimuler.

NEWTON.

Mes Disciples ont tâché de me justifier sur ce reproche : mais quand il seroit fondé par rapport à certains articles, la force centrifuge & centripete des astres, & les ellipses qui en résultent, me seroient toujours attribuées exclusivement. Or c'est bien là la vraie gloire de mes Ouvrages.

M. HUET.

On pourroit former encore des doutes sur cette attribution (*a*) ; mais je vous passe la gloire de l'invention, pour ne considérer la chose qu'en elle-même. Outre ce que je vous en ai dit, je me réserve de vous en parler plus amplement dans un autre entretien.

(*a*) L'idée d'une attraction générale se voit dans le *Mundus magnes* du Pere Kircher : Ouvrage de quarante ans antérieur à ceux de Newton. Mais ce qui est bien plus remarquable, c'est que la force centrifuge & centripete se trouve dans Vitruve, Lucrece, Platon, & sur-tout dans Plutarque. On voit même dans ce dernier la fameuse régle du quarré des distances ; & cela de l'aveu des plus zélés Newtoniens, tels que Grégori, Maclaurin, &c. *Voyez l'orig. des Découv. attribuées aux mod. par M. Dutens, t. 1. p. 154 & suiv. édit. de Paris, 1776.*

SECOND ENTRETIEN

Sur le Mouvement des Aſtres & le génie des Newtoniens.

NEWTON & M. HUET.

NEWTON.

VOUS avez promis de me dire ce que vous penſiez de mes ellipſes & de mon attraction. Il faut que vous teniez parole : tout Sceptique que vous êtes, il faut vous réſoudre à affirmer ou à nier.

M. HUET.

Je ne ferai ni l'un ni l'autre. Je dirai ſeulement que je doute ; que je ne conçois pas aſſez la choſe.

NEWTON.

Encore faudra-t-il dire pourquoi. Le doute ſuppoſe des raiſons auſſi-bien que la perſuaſion.

M. HUET.

Un Sceptique ne manque jamais de raiſons de douter ; &, dans votre Syſtême, j'en trouve plus que tout ailleurs. Vos forces centrifuge & centripete me ſemblent être un chaos indéchiffrable. Vous les diminuez, vous les tempérez, vous les augmentez ; tantôt toutes les deux, tantôt l'une au préjudice de l'autre : vous ſuppoſez mille choſes que je ne puis admettre. On voit clairement que vous voulez faire parcourir une ellipſe à ces deux forces, & calculer enſuite comment elles ont agi pour réuſſir.

NEWTON.

Il eſt démontré que les aſtres parcourent des ellipſes. Je ne ſuppoſe donc rien qui ne ſoit certain.

M. HUET.

Cent de vos Diſciples m'ont fait cette réponſe, & j'admirois leur Logique. Je ne refuse pas de croire que les astres parcourent une ellipse : mais est-ce la force centripete & centrifuge qui la leur fait parcourir ? Voilà la question. Tous vos argumens sont *à posteriori*. C'est le grand écueil des opinions newtoniennes.

NEWTON.

La figure seule des ellipses, & la composition des deux mouvemens centripete & centrifuge, désignés par deux côtés des petits parallélogrammes que l'ellipse coupe en diagonale, démontre admirablement que l'astre doit nécessairement parcourir une ellipse.

M. HUET.

Ces lignes ne désignent ce que vous dites, que dans votre idée. Vous supposez ces forces, que les Carthésiens nient, & vous les mesurez, au-lieu de les prouver. J'en appelle à tout homme qui veut réfléchir. Si l'attraction agissoit ſur les aſtres, il n'y auroit point d'ellipſe, & vous chercheriez envain vos parallélogrammes & vos diagonales.

NEWTON.

Ah ! vous voulez rire.

M. HUET.

Point du tout : je parle le plus ſérieuſement du monde. A qui perſuaderez-vous que, vu la figure de l'ellipſe, la force centripete ne ſoit pas la même au périhélie qu'à l'aphélie ; & qu'ainſi votre fameuſe régle, que l'*attraction augmente en raiſon inverſe du quarré des diſtances*, ne ſoit évidemment fauſſe ? L'ellipſe ne démontre-t elle pas géométriquement cette égalité ? Son inflexion n'eſt-elle pas la même dans un point & dans l'autre ? Cette inflexion, plus ou moins grande, ne déſigne-t-elle pas, ſelon vous-même, la force de l'attraction, puiſque, ſans l'attraction, l'aſtre auroit marché éternellement en ligne droite ? D'ailleurs qui peut concevoir que le ſoleil, ayant attiré la planete depuis l'aphélie juſqu'au périhélie, au-lieu de l'engloutir par une augmentation d'attraction qui redouble à chaque inſtant, la lâche dans le moment où ſa force eſt au ſuprême degré, pour la laiſſer retourner tranquillement à l'aphélie ? Pourquoi la force centrifuge prévaut-elle tout-à-coup, & que devient l'autre ? Sans doute que le ſoleil imite ces Héros magnanimes, qui rendent la liberté au vaincu ſur le point de lui ôter la vie.

NEWTON.

La force centrifuge augmente avec la centripete, & ſe trouve aſſez grande au périhélie pour faire paſſer la planete & continuer l'ellipſe.

M. HUET.

Pluſieurs de vos Diſciples m'ont tenu ce langage, qui eſt un vrai galimatias. Qu'eſt-ce qui augmente la force centrifuge ? L'attraction, qui lui eſt opposée, & qui attire le globe céleste malgré elle, ira, sans doute, renforcer son ennemie dans le moment où elle en triomphe? Deux choses, dont l'une s'agrandit aux dépens de l'autre, peuvent-elles arriver ensemble au suprême point de grandeur? N'y a-t-il pas-là une contradiction manifeste? & n'ai-je pas eu raison de dire, que vous faisiez de ces deux forces tout ce que vous vouliez? (*a*) Je prouverai, dans un moment, que la force de projection, ou centrifuge, ne peut se perpétuer dans le mouvement elliptique; mais il

---

(*a*) M. Sigorgnes, dans ses *Institutions Newtoniennes*, vient encore de faire une réforme dans la force centrifuge, dont il se promet un bon effet en faveur de l'ellipse. Voyant que, suivant les régles même de Newton, l'ellipse iroit à rien, il a imaginé que la force centrifuge ne suivoit pas la raison inverse des quarrés des distances. Le Pere Paulian juge, à son ordinaire, que les raisons de cette réforme sont *bien démonstratives*. Dict. Physique, art. *mouv. en lig. ellip.*

me suffit actuellement d'observer qu'elle ne sauroit tenir contre l'attraction, qui, au périhélie, est à son plus haut point.

NEWTON.

Comme il est certain que les astres parcourent des ellipses, il faut bien que du périhélie ils reviennent au point où le Créateur leur a donné le mouvement en ligne droite.

M. HUET.

Ne voyez-vous pas vous-même, que vous supposez toujours le principe? Il faut, sans doute, que les astres reviennent à l'aphélie, s'ils doivent parcourir une ellipse; mais il ne faut pas que cela se fasse par attraction. Si l'attraction agissoit, cela ne se feroit pas, comme je l'ai prouvé. Concevez encore plus clairement ma pensée.

Le point du périhélie, dans une ellipse, pourroit être le sextil, ou la quadrature d'une autre ellipſe (*a*), & en ce cas, vous feriez approcher la planete plus près de l'aſtre, en lui aſſignant, pour périhélie, le point que la conſtruction de l'ellipſe exigeroit; au-lieu que dans le premier cas, vous la renvoyez auſſi-tôt à l'aphélie, quoique dans un même point la force de l'attraction doive être la même ſur toutes les planetes, quelque route qu'elles tiennent. Cela montre au doigt que vous cherchez l'attraction dans l'ellipſe, & non l'ellipſe dans l'attraction.

(*a*) Ce point eſt ſûrement le ſextil, ou la quadrature d'une ellipſe poſſible; & les cometes ſe trouvent effectivement vis-à-vis du point B, (*Voyez* la figure ci-après), plus ou moins proche du ſoleil, en ſextil, en quadrature, &c. Elles devroient donc décrire, comme les planetes, des ellipſes plus ou moins grandes; mais paralelles à celle de la terre. Tous les corps, emportés par une même attraction, ſuivent la même route, comme nous le voyons dans le *Maelſtrom*, & autres gouffres de la mer: la force centrifuge n'y peut rien changer; on le verra encore plus clairement dans la ſuite.

NEWTON.

L'attraction étant la même après le passage du périhélie qu'avant (*a*), la planete s'éloigne du soleil dans la même proportion & direction, qu'elle s'en est approchée, & doit dès-lors revenir à l'aphélie.

M. HUET.

Nous voilà encore au principe. Ce passage est une chimere dans l'hypothèse de l'attraction. Jamais la planete ne passera; elle se perdra dans le soleil. Jamais elle ne *s'éloignera du soleil dans la proportion & la direction, dans lesquelles elle s'en est approchée.*

(*a*) C'est la réponse ordinaire des Newtoniens, & en particulier du Pere Scherffer, Inst. Phys. part. 2, pag. 37. *In punctis* B D *eandem vim centripetam habet, quam habuit in punctis* B C.

NEWTON.

Pour nier, dans la formation de l'ellipſe, le concours de l'attraction & de la répulſion, il faudroit pouvoir leur ſubſtituer d'autres forces, & trouver des explications plus heureuſes que les miennes : or c'eſt à quoi on s'efforceroit vainement de réuſſir.

M. HUET.

Non, cela n'eſt pas néceſſaire : on voit le faux ſans connoître le vrai ; &, pour détruire une erreur, il n'eſt pas toujours néceſſaire d'établir la vérité contradictoire. Enfin il eſt clair qu'on peut montrer qu'une choſe ne ſe fait pas d'une telle façon, ſans, pour cela, expliquer la maniere dont elle ſe fait. Il ſuffit même, en général, qu'il ſoit poſſible que l'ellipſe ſoit le réſultat de quelques autres cauſes que la force centrifuge & centripete, pour que vous ne puiſſiez jamais démontrer que c'eſt à ces forces qu'il la faut attribuer : or

les

les Savans, ceux même qui vous sont le plus attachés, ne doutent pas de cette possibilité. Les Encyclopédistes, ces hommes si zélés pour votre gloire, viennent de déclarer que, *dans les ellipses même, telles que celles que décrivent les planetes, on pourroit peut-être découvrir des forces & des combinaisons différentes. Car qui connoît toutes les propriétés du mouvement elliptique, & même de tel mouvement elliptique?* C'est-là une doctrine qui renverse votre Systême par la base.... Tandis qu'il est possible qu'un phénomène soit l'effet de plusieurs causes différentes, l'on ne peut assurer qu'il provient d'une telle cause en particulier.

Dict. Encycl., art. *Ellipse.*

NEWTON.

De quoi se sont avisé ces bruyans Encyclopédistes, de commenter ainsi une explication qui étoit assez claire d'elle-même? Mais laissons-là ces Messieurs, pour revenir encore un peu à l'attraction. Je m'apperçois que vous n'entrez pas assez dans l'esprit géométrique, qui est l'ame de mon Systême, & qui fait la vraie force de mes preuves.

M. HUET.

Je préfere des Observations simples, qui éclairent & qui persuadent sans le secours d'aucune Géométrie; mais je ne doute pas que les Géometres ne trouvassent le même résultat dans leurs calculs, que je trouve dans mes raisonnemens, si ces calculs étoient bien dirigés & appuyés uniquement sur des suppositions réelles. On dit que le Chevalier de Forbin vient de prouver très-algébriquement, « 1.° Que la spirale est la seule courbe qu'un corps » peut décrire en pesant continuellement sur son centre de pesanteur; » 2.° que les principes, dont vous êtes » parti pour autoriser votre Systême » de la génération de toutes espèces de » courbes, autour d'un point, sont faux

» & erronés ; 3.° Qu'en rectifiant ces » mêmes principes, & raisonnant toujours d'après votre hypothèse, & » dans le cas même le plus favorable au » mouvement de révolution, ce mouvement ne peut être obtenu. » (a) Tout

---

(a) Voyez les *Elémens des Forces centrales, &c. à Paris 1774*, & la *Lettre* insérée dans le *Journal des Beaux-Arts*, Août 1774, p. 372, Septembre p. 564, Octobre p. 175. On a répondu à cette Lettre par deux *Lettres de Miss Kennedy à M. le Chevalier de Forbin*; mais c'est une pure déclamation qui ne prouve rien à fond, & qui ne répond à rien. La prétendue Dame Kennedy est un Physicien assez mince, mais grand Newtonien, qui traite M. de Forbin précisément comme les Péripathéticiens ont traité Descartes; c'est le même ton, le même langage, la même maniere de prouver. Le Chevalier *est un téméraire, un audacieux, plein d'une confiance ridicule; il attaque le divin Newton.* La défense d'Aristote étoit exactement conçue de cette maniere. L'*Autos epha* dirige Madame Kennedy comme les Scot & les Fonseca. Les argumens, qu'elle articule à grands frais, sont des lieux communs qui ne touchent pas la vraie difficulté : il s'en faut de beaucoup qu'elle *mette les points sur les i*, comme elle s'en glorifie.

cela a été calculé avec soin. Il est vrai que l'Académie des Sciences n'a pas voulu s'en occuper ; mais se taire n'est pas répondre. (*a*)

NEWTON.

L'exactitude de mes calculs a répondu d'avance à tout autre calcul, qu'on pourroit opposer à mes conclusions.

(*a*) Il est étonnant qu'il ait fallu des ordres supérieurs pour engager l'Académie à prendre connoissance de cette controverse. Le Roi parla, & l'Académie obéit. Elle nomma pour Commissaires MM. Bezout, du Séjour, de Condorcet & de Vandermonde. Ces Messieurs ont fait leur rapport en bons Newtoniens ; mais non sans quelques embarras. Le point capital, qui exige une démonstration, ne la reçoit pas de tout ce qu'ils alléguent contre M. de Forbin ; il reste toujours dans l'état d'une supposition. L'accueil favorable que les Géomètres, non-intéressés dans la contestation, ont déja fait à l'Ouvrage de M. de Forbin, & le silence des autres, semblent décider assez la question. Car que feroit-on de plus, que de se taire, dans l'état d'une cause absolument désespérée, & que l'on sentiroit soi-même ne pouvoir plus soutenir ?

M. Huet.

Cela vous plaît à dire. 1.° Si vos adversaires calculent également bien, pourquoi vous croiroit-on de préférence ?

2.° Vos calculs ne peuvent prouver l'existence d'une cause, qui ôteroit toute matiere à vos calculs, si elle existoit ; puisqu'il n'y auroit point d'ellipse.

3.° Vous êtes convenu, dans notre dernier Entretien, que les calculs ne prouvoient rien, & qu'on pouvoit calculer le faux comme le vrai.

4.° Ces calculs supposent l'éloignement des astres, & leur grandeur, bien déterminés : or nous avons vu qu'il n'y avoit rien de cela.

5.° Dans les Ouvrages de vos Disciples les plus zélés, les calculs sont très-differens les uns des autres ; & cela seul suffit pour montrer le peu de solidité de ces hypothèses algébriques.

NEWTON.

Comme plusieurs de mes Disciples s'en sont tenus à mon calcul, quant à la distance des planetes, il n'est pas possible que l'attraction soit calculée différemment par ceux-ci.

M. HUET.

Quand votre Observation seroit juste, elle ne vous seroit pas d'un grand avantage ; mais elle est fausse, du moins prise dans toute son étendue. Ceux même dont vous parlez, n'ont pu se réunir dans le calcul de l'attraction. Les uns ont cru qu'il suffisoit de calculer l'action du soleil sur les planetes ; les autres ont cru que l'action mutuelle des planetes les unes sur les autres, devoit aussi entrer en compte. Là-dessus ils ont imaginé des compensations, des balancemens si justes, qu'il y a de quoi rire à les voir travailler ; le vrai & le faux, les suppositions les plus frivoles, les plus arbitraires, tout est calculé :

Æneid. 5. *Facta atque infecta canebant.*

NEWTON.

Les plus sages ont pensé qu'ordinairement, & hors le cas d'une approximation extraordinaire, les planetes n'agissoient pas les unes sur les autres; & se sont principalement attachés à calculer l'action du soleil.

M. HUET.

A qui persuaderont-ils que le grand Jupiter & ses satellites, Saturne & les siens, toutes les autres planetes, toutes les étoiles, ne sauroient déranger d'une ligne la marche de la terre, par exemple, ou de la lune? Tous les calculs, la plupart arbitraires, & faits selon l'exigence du cas, ne sont pas une réponse à laquelle on puisse raisonnablement acquiescer. Quoi! une petite éponge, selon plusieurs de vos Disciples, attire l'eau par une vraie attraction contre toute l'action de la terre, & Jupiter ne feroit rien sur la lune? Dites-moi tout ce qu'il vous plaira ; je pourrai peut-être m'en contenter : mais ne calculéz pas ; cela est inutile, & ne prouve rien.

NEWTON.

Il semble que vous n'êtes mécontent que de la force centripete. Vous ne dites mot de la centrifuge ; vous en reconnoissez sans doute la certitude. C'est le mouvement direct donné aux astres par le Créateur, qui, dans le vuide, subsiste toujours, suivant le principe, qu'*un corps mis en mouvement ne s'arrête que lorsqu'il rencontre quelque obstacle dans sa route.*

M. HUET.

Il me prendroit presqu'envie d'examiner ce fameux principe, qui, pour être certain & évident, ne doit être bâti que sur des notions claires & évidentes : or tous les Philosophes ont disputé sur la nature du mouvement, du repos, de l'inertie de la matiere, des causes mouvantes, &c. ; & nous n'en avons que des idées peu sûres. Comment donc un axiome, fondé sur tout cela, peut-il être certain, & servir de base à des Systêmes? Vous définissez l'inertie, *vis conservandi sui statûs.* Quelques-uns la définissent, *vis conservandæ & recuperandæ quietis* : ils prétendent que l'état naturel du corps est le repos. (*a*) Un corps dans le moment de la création, précisément comme création, est en repos. Plusieurs Physiciens, & vous même, vous semblez croire, en certains endroits, que la pesanteur est essencielle & intrinséque aux corps : par conséquent voilà une

---

(*a*) « Le mouvement étant une action, » dit J. J. Rousseau, (*Emile, tom. 2, p. 40*), » il est donc l'effet d'une cause, dont l'ab- » sence est le repos. Quand rien n'agit sur » la matiere, elle ne se meut point ; &, » par cela même qu'elle est indifférente au » repos & au mouvement, son état naturel » est d'être en repos. » *Voyez* aussi le *Traité sur la Pesanteur universelle des corps*, par le Pere Castel, où cet Auteur établit, *que les corps tendent essentiellement au repos.*

résistance essencielle & continuelle au mouvement. Le mouvement est une translation du corps d'un point à l'autre : il faut donc une cause toujours agissante, pour transporter le corps sans cesse d'une place à l'autre. Une cause, qui agit sur dix pieds de distance, n'agira pas pour cela sur mille. Si son action subsistoit toujours, elle seroit infinie : & quand vous m'allégueriez mille fois l'inertie de la matiere, il me resteroit encore des doutes ; & cette inertie même en feroit naître de nouveaux contre la perpétuité du mouvement.

NEWTON.

Vous êtes le premier qui formiez des doutes, sur ce principe reçu de tous les Philosophes.

M. HUET.

Il y a vingt ans qu'un Auteur estimable l'a nié absolument dans un Ouvrage qui a mérité l'éloge des Savans ;

& un célèbre Critique remarque qu'on seroit fort embarrassé à le prouver, si on se voyoit tout-à-coup dans la nécessité de le faire. L'acceptation unanime des Philosophes, n'est pas une preuve invincible pour un sceptique comme moi, ni pour quiconque connoît le génie des hommes, la force de l'imitation, & les progrès des erreurs épidémiques. Un de vos plus illustres Disciples, dont je vous ai déja parlé, exprime ainsi ma pensée : *Ex iis ipsis quæ primâ fronte certissima videntur omninò ac patentissima, & QUÆ RELIQUORUM OMNIUM PRO QUODAM VELUTI FIRMISSIMO FUNDAMENTO HABENTUR, non desunt, quæ (si rectâ ratiocinatione uti libeat, ac præjudicia quædam seponere, quæ diuturnâ assentiendi consuetudine altiùs insederunt animo atque tenaciùs adhæserunt) non solùm non pro demonstratis, sed nec pro satis validè probatis haberi possunt.* Boscov. Diss. de lumine, part. I, n. 3.

Mém. de Trevoux, Oct. 1751.

On voit onze raisons de cette imitation servile, dans la *Rech. de la Vérité*, par Mallebranche, L. 2.

NEWTON.

Vous voulez donc tout de bon faire la guerre à un principe si applaudi, & lui disputer l'empire qu'il exerce dans tous les Systêmes physiques.

M. HUET.

Non, je me contente d'en dire ma pensée. Les sceptiques ne bâtissent aucun Systême; mais aussi n'en détruisent-ils aucun : ils doutent (*a*). Je ne vous arrêterai donc pas sur ce point.... Vous avez bien fait de m'expliquer la

---

(*a*) Quand, après des recherches laborieuses & ingrates, on veut fixer les résultats, on voit les exceptions arriver de toute part. On en est accablé, & ce qui étoit vrai dans un sens, cesse de l'être dans un autre; parce que nos Systêmes, les plus raisonnables, ne peuvent jamais s'enchaîner assez exactement entr'eux, pour former un cercle parfait, qui embrasse l'immensité des phénomènes. Il reste toujours des vuides par où les erreurs, & les plus grandes erreurs, s'échappent, afin d'avertir sans cesse le Philosophe de douter malgré lui, malgré le penchant qui l'entraîne à décider.

nature de la force centrifuge ; car vous & vos Disciples, vous avez dit tant de choses de cette force centrifuge, vous en avez donné tant d'explications, vous lui avez assigné tant de causes, que je ne sais plus à quoi m'en tenir. Les uns l'ont identifiée à la force centripete ; les autres l'ont confondue avec la force tangentiale, qui devoit plutôt être la fille des deux. Je ne sais si jamais secte philosophique changea plus souvent de langage que la vôtre.

NEWTON.

Il faut bien quitter quelquefois un principe, pour mieux défendre les autres : jetter à la mer quelques marchandises pour sauver le navire. Mais enfin, tenez-vous-en à l'idée que je vous donne actuellement de la force centrifuge.

M. HUET.

1.° Il me semble ridicule de dire que Dieu ait donné aux astres l'ordre d'aller en ligne droite, & qu'il ait donné commission au soleil de les attirer pour les faire aller en ligne courbe; cela me paroît indigne de la simplicité des voies de Dieu, que vous prétendez se trouver exclusivement dans votre Systême.

2.° Je ne conçois pas comment cette impulsion en ligne droite peut durer éternellement, tandis que la planete change de direction à chaque instant, & que le soleil l'attire, au point de la faire aller en sens contraire, comme il arrive à l'approche du périhélie. Une seule & même impulsion suffit-elle pour faire aller éternellement un corps, avec une force & une vîtesse toujours égale, d'Orient en Occident & d'Occident en Orient?

3.° Vous avez vous même senti que ce mouvement ne pouvoit subsister: vous avez eu recours, sans trop oser le dire, à je ne sais quelle propagation de mouvement, dont le principe est, ſans doute, dans le centre du ſoleil, ou dans celui du monde : vous ne l'avez pas dit ouvertement, je l'avoue ; mais je défie tous ceux qui ont bien médité vos Ouvrages, de n'y point entrevoir cette idée. Vos Diſciples diſent ordinairement que Dieu conſerve & continue ce mouvement par une création continuelle.

Suprà p. 18.

NEWTON.

A la bonne heure, qu'on prenne la choſe comme mes Diſciples l'expliquent ; cette idée me paroît aſſez bonne, & à l'abri de toute chicane.

M. HUET.

Les Philoſophes n'aiment pas ces créations continuelles ; ils prétendent que Dieu a fait, dès le commencement, toutes les diſpoſirions néceſſaires pour la conſervation du monde juſqu'à la fin des ſiécles. Si l'on va faire agir le Créateur par des ordres immédiats, & une action continuelle, il n'y aura plus d'autre chose à dire en physique, sinon; *Dieu l'ordonne ainsi* (a). Les Anges se remettront en possession de la conduite des astres; ou bien on dira tout-d'un-coup que Dieu fait parcourir des ellipses aux planetes, par un ordre immédiat, sans concurrence d'aucune cause seconde.

(*a*) Cette réponse est souvent la meilleure; mais on ne doit pas s'en servir quand on s'érige en Systémateur, & qu'on prétend rendre raison de tout : hors ce cas, elle peut être d'un grand secours, sans déroger au mérite des plus profonds Physiciens : « Comment expliquer ce qu'on ne comprend » pas, dit excellemment M. d'Alembert, si » ce n'est en disant : *Dieu l'a voulu ainsi.* » Si les Philosophes ont quelque chose à se » reprocher, c'est peut-être de ne pas donner » plus souvent cette solution aux questions » qu'on leur fait; ils n'en seroient pas plus » ignorans, ni plus mal instruits. Ils auroient » de plus le mérite d'avouer au moins leur » ignorance, & nous celui de ne point cher- » cher envain à sortir de la nôtre. » *Mélang. de Littérature & de Philosophie, tom. 5, p. 143.*

NEWTON.

Il eſt contre la nature des corps, de ſe mouvoir en ligne circulaire, ſans une cauſe toujours ſubſiſtante.

M. HUET.

Si on ſuppoſe que Dieu entretient le mouvement elliptique, comme nous ſuppoſons ici qu'il entretient le mouvement direct, rien n'eſt en cela contre la nature des corps.... Si on ſuppoſe que Dieu a donné, au commencement du monde, un mouvement elliptique aux planetes, & que ce mouvement continue ſans autre cauſe, cela pourra ſouffrir quelque difficulté. L'inertie de la matiere paroît refuſer aux corps quelqu'activité que ce ſoit, & une inclination quelconque pour les ellipſes ou quelqu'autre figure géométrique; mais vous répondrez aiſément à ces difficultés par les raiſons qui établiſſent l'attraction & les qualités ſpirituelles de la matiere. Car ſi un corps céleſte a de l'inclination pour un autre corps, pourquoi ne pourroit-il pas en avoir pour la course elliptique ? Vous appellez l'attraction une *qualité immatérielle*, *une loi du Créateur*. Au-lieu d'attribuer aux corps *une qualité*, *une loi* qui les oblige à s'attirer les uns les autres, vous leur supposerez *des qualités*, *des loix*, qui produiront le mouvement elliptique. On aura beau vous dire que l'attraction est calculée, le mouvement elliptique ne l'est-il pas ? . . . . Cette voie est plus courte, plus simple ; elle fait main-basse sur vos deux ou trois forces, & sur mille objections qu'elles entraînent.

NEWTON.

Vos idées sont plaisantes ; si on ne les approuve pas, on ne peut manquer de s'en réjouir. Pensez-vous réellement que ces qualités elliptiques soient compatibles avec l'inertie des corps ?

M. HUET.

Je le pense dans vos principes, comme je viens de le dire. Au reste, un grand Mathématicien vous répondra simplement qu'oui. C'est le célèbre Jésuite *Riccioli*, Almag. L. 9, sect. 2, c. 1, n. 4. *Non repugnat, quin possint à Deo fieri corpora, quæ ab intrinseco sic moveantur per virtutem & qualitates ipsis connaturales, & à Deo inditas ab initio mundi.* Képler, pere de l'Astronomie moderne, ne doit point trouver de difficulté dans ce Systême, puisqu'il croit les astres animés.

NEWTON.

Si l'opinion de Riccioli est vraie, Locke a eu raison de dire, que peut-être la pensée n'étoit pas incompatible avec la matiere.

M. HUET.

Entre *penser* & *rouler*, même en ligne courbe, il y a encore une petite différence : l'un pourroit convenir à la matiere sans l'autre. Quand il s'agit des qualités occultes, on ne peut trop être sur ses gardes, pour ne pas affirmer ni nier témérairement : or cette inclination des astres, pour l'ellipse, dans le sens de Riccioli, doit assurément être regardée comme telle ; aussi-bien que l'attraction, la répulsion, & d'autres propriétés que vous assignez aux corps (*a*).

NEWTON.

On m'a mille fois reproché d'avoir ressuscité les qualités occultes des

---

(*a*) Je crois pouvoir citer ici un passage remarquable du célèbre Chancelier d'Aguesseau. Ce grand homme sembloit mettre, dans les matieres de Littérature & de Philosophie, la même exactitude, la même sévérité de justice, que dans les matieres de Judicature. « On ne peut s'empêcher de » déplorer le malheur de la Philosophie » humaine, quand on considere, qu'après » tous les progrès qu'elle se flatte d'avoir fait » depuis un siécle, nous sommes réduits à » voir revivre les qualités occultes dans les » Systêmes des Philosophes modernes, par » l'attraction ou par les monades. Ne se-

Péripatéticiens, sur lesquelles Descartes avoit fait main-basse; mais un de mes Sectateurs m'a bien justifié là-dessus, & a fait voir qu'on ne pouvoit nommer *qualités occultes* des qualités qui existoient assurément, & dont les effets étoient calculés : *Respondetur esse occultas quidem causas non illas, quarum existentia per observationes clarissimè demonstratur, sed has solùm quarum occulta est & ficta existentia.*

Mako, Inst. Phys. p. I. 177.

» roit-ce point la suite des efforts que plusieurs d'entr'eux semblent faire depuis » quelque temps, pour se passer, s'ils le » pouvoient, de l'Être suprême dans l'explication de l'ordre qui régne dans l'univers, comme s'ils vouloient diviniser, en » quelque maniere, la nature, nom aussi » vuide de sens que celui de *fortune*, & la » substituer à la seule cause réelle & universelle dans laquelle réside le véritable pouvoir, & à la seule force motrice, dont » l'existence & l'efficacité ne peuvent être » révoquées en doute. » *Lettre de M. le Chanc. d'Aguesseau à M. Formey, Encyclop. de pensées, &c. p. 439.*

M. Huet.

Apparemment que ce zélé Sectateur de vos opinions vouloit badiner : car qui croira qu'il ait dit ſérieuſement, qu'il n'y a jamais eu de cauſe qu'on ait appellée *horreur du vuide*, & que cette cauſe n'ait point été prouvée par mille Obſervations. L'horreur du vuide, n'étoit-ce pas pour cela une qualité occulte ? (*a*) Il en eſt ainſi des antipériſtaſes, & autres phénomènes qu'on

---

(*a*) On ſait aujourd'hui que ce que les Anciens appelloient *horreur du vuide*, eſt l'effet de la gravité de l'air. Mais qu'eſt-ce que la gravité en général, ſinon l'effort que font tous les corps pour refluer vers le centre commun ? Et qu'eſt-ce qui maintient l'enſemble de l'univers, ſinon la gravité ? La gravité aſſure donc la conſervation de la nature ; & ſi la nature a une eſpèce d'horreur de ſa deſtruction, elle a horreur du vuide qui ſeroit un effet néceſſaire de la ceſſation de la gravité.... Du reſte, il eſt vrai que les Anciens attribuoient immédiatement à l'horreur du vuide, ce qui eſt l'effet immédiat de la peſanteur de l'air. C'eſt une erreur qu'on ne peut méconnoître.

peut avoir mal nommés; mais qui existoient très-certainement, & dont on pouvoit calculer les effets. Il est certainement une cause qui fait tenir une telle route aux planetes; mais est ce l'attraction? Qu'est-ce que l'attraction? Dites-moi en quoi l'attraction differe de l'horreur du vuide, ou, si vous voulez, de l'horreur de la séparation? En vérité je n'y vois point de différence: s'attirer mutuellement, & ne pas aimer la séparation, me paroît la même chose. Deux de nos Ombres disputerent là-dessus, il y a quelques jours, avec beaucoup de chaleur. J'ai entendu, en passant, cette proposition: *Si je dis de deux amis, qu'ils aiment à être ensemble, ou qu'ils ont horreur d'être séparés, cela ne revient-il pas au même?*

NEWTON.

Il étoit bien clair que l'horreur du vuide n'existoit pas, puisque ses effets n'étoient point les mêmes par-tout.

L'Aſcenſion des liquides étoit toute autre ſur les hautes montagnes que dans les vallées.

M. HUET.

Monſieur, parlez-vous ſérieuſement? Votre attraction eſt-elle la même à 1000 lieues du ſoleil qu'à 10 ? Et pourquoi l'horreur du vuide ne ſeroit-elle pas ſuſceptible de différens degrés de force, auſſi-bien que l'attraction, qui, comme je viens de l'obſerver, n'eſt autre choſe que l'horreur de la ſéparation ? .... Mais ne nous épuiſons pas là-deſſus, & revenons un moment à Riccioli, & à ſes qualités elliptiques. Vos Diſciples ont fourni, en ſa faveur, un argument aſſez ſpécieux. Il s'eſt élevé parmi eux une queſtion fameuſe : ſavoir, ſi la force centrifuge étoit la même que la centripete & la tangentiale *à parte rei*, & ſeulement diſtinguée *per conceptum Præciſivum*; ou ſi elle étoit réellement différente

différente des deux autres. Les différens personnages qu'on a fait faire à ces forces, ont rendu cette question comme inévitable, & il a fallu se décider. Ceux qui défendent l'identité, donnent lieu de faire, en faveur de Riccioli, l'argument suivant : La force centrifuge, ou la force de projection en ligne droite, une fois donnée aux corps, dure toujours ; elle est réellement la même que les deux autres : donc elles doivent durer éternellement toutes les trois avec leur effet, qui est le cours elliptique des planetes.

NEWTON.

Vous me divertissez beaucoup par vos observations, qui me paroissent fort naturelles. Seroit-il possible que mes Disciples s'occupassent de choses pareilles ? Cela ressemble assez à la question arabique : *Utrum relatio sit forma modalis ; realiter, modaliter distincta à fundamento, termino & ratione fundandi.* Ah ! je ne puis croire une semblable folie dans des Newtoniens.

O pueriles ineptias ! in hoc supercilia subduximus, in hoc barbam dimisimus, hoc & tristes docemus & pallidi. Sen. ep. 49.

M. HUET.

Vous le croirez si vous le voulez ; ils traitent bien d'autres questions également ridicules. Pour ce qui est de celle dont je parle, je vous dirai de plus que le Jésuite Boscowich, qui vous fait tant d'honneur, est pour l'affirmative, & qu'il soutient l'identité *à parte rei* ; leur accordant, tout au plus, une petite distinction *sub conceptu.* Les Newtoniens du génie de Scot, défendent la distinction pure & simple *à parte rei.*

V. *Phys. Gen. Leopoldi Bivald. Græcii, anno* 1767, p. 82.

NEWTON.

En vérité, je ne reconnois pas mes Disciples : ils me font un dèshonneur infini. Ils ont altéré toutes mes idées, changé mes principes, renversé mes calculs, & après cela ils s'amusent aux vieilles distinctions des Nominaux. Vous savez qu'ils ont changé la marche de la lune, qu'ils ont nié le contact immédiat, qu'ils défendent une attraction changée en répulsion; on ne sait pourquoi ni comment. Sigorgne, tout Newtonien qu'il est, nie que ma fameuse régle du quarré des distances ait lieu, à l'égard de la force centrifuge, dans les mouvemens elliptiques. Les uns, comme Muschenbrœck, m'ont enlevé la preuve de l'aimant en faveur de l'attraction; les autres ont détruit mes prétentions sur l'électricité. On diroit qu'ils se sont étudiés à anéantir les opinions qu'ils professoient. Ils prétendent que tout cela étoit nécessaire pour sauver mes systêmes; pour moi, je n'en crois rien.

Ci-dessus, p. 19.

M. HUET.

Si quelques-uns ont fait breche à vos idées, les autres leur ont donné une étendue immenſe, & vous ont bien dédommagé. Ils ont tout ſoumis à l'attraction, à la raiſon inverſe ou directe du quarré des diſtances. Ils ont fait eſpérer que nous apprendrions dans peu *en quelle raiſon le bout du nez regardoit l'oreille; ſi c'eſt en raiſon directe ou inverſe que le poulmon recherche le cœur, &c.*; & comme les mouvemens naturels dérivent de ces loix, ils ont aſſuré que *nous ſaurions bientôt la nature des courbes, ſuivant leſquels la langue exécute ſes mouvemens, &c. &c.* La mémoire, le jugement, l'éducation, l'habitude, &c., tout cela réſulte de l'attraction. Un de vos grands admirateurs atteſte qu'*ils ont pouſſé la découverte de l'attraction juſqu'à expliquer comment les enfans ſe forment dans le corps de la mere.* Selon le même Auteur, quelques-uns, par zèle pour votre gloire, ſont allés au bout du monde *conſtater, par des Obſervations exactes, une vérité que*

Bib. impart. T. 9. p. 94. Liſtonai, Voyageur philoſ. &c.

M. de Voltaire, Hiſt. de Louis XV, t. 2, p. 232.

vous aviez démontrée dans votre cabinet ; mais ces tentatives n'ont pas été heureuses , & ont laissé des doutes sur l'exactitude des mesures (*a*). Ibid. 231.

J'oubliois de vous rappeller , que l'attraction avoit arraché la moitié de Saturne , & lui avoit fait un anneau ; & qu'enfin , selon Wisthon , le plus célèbre de vos Disciples , que vous avez tant estimé , & que vous regardiez comme votre fils aîné , le monde étoit sorti directement des mains de l'attraction. Une comete , attirée & dévorée par le soleil, est devenue la terre que nous habitons. On a dessiné &

(*a*) « La seule expérience donne droit de modérer à propos les promesses & la suffisance de certains esprits , qui croient tout trouver dans la solitude du cabinet, ou dans l'acquisition de quelques vérités mathématiques, & qui se figurent que leurs projets ne rencontreront pas plus d'obstacles dans la société ou dans la nature , que les lignes de leur géométrie n'en rencontrent sur le papier. » *Spect. de la Nat. T. 7 , p. 468.*

Phy. Sac. gravé, dans un Ouvrage célèbre, l'état de cette comete avant & après sa décoction. Une autre comete, savoir celle qui a reparu en 1682, a causé le déluge par les vapeurs de sa queue fumante; & la même ravagera la terre par le feu de sa queue embrasée. Wisthon vous fera raison sur tout cela en vertu de l'attraction.

NEWTON.

Ne me parlez pas de ce fou. Je l'ai aimé d'abord, & il me faisoit honneur; mais il m'a ensuite prostitué par-tout. On peut dire de lui ce qu'un de vos Cardinaux disoit d'un certain Docteur Allemand : *Homo ad excogitanda portenta natus.* Il calculoit l'Histoire comme la Physique, l'avenir comme le passé; & faisoit la chronologie des siècles futurs. Quand il se voyoit trompé, il faisoit d'autres calculs, & prétendoit que pour cette fois, cela ne pouvoit manquer. Il alléguoit, en faveur

Bellarm. de M. Illitico.

de mon Systême, ce passage de la Sagesse : *Omnia in mensurâ, & numero, & pondere disposuisti* ; quoique le contexte fît voir clairement qu'il ne s'agissoit pas là d'attraction ni de calculs (*a*). On a dit qu'il avoit pris toutes ces idées de moi, & que mon Commentaire sur l'Apocalypse lui avoit servi de modèle (*b*) ; mais tout cela est sans preuve suffisante. Pour ce qui est de la création du monde ; quand l'attraction auroit formé le globe terrestre, & y auroit attaché une lune, comme il le prétend, il ne seroit pas

(*a*) En voici un semblable : *Pondus & statera judicia Domini : & opera ejus lapides sacculi.* Prov. 16.

(*b*) Jurieux, Prophete d'Amsterdam, n'a jamais rien écrit de si fanatique que ce Commentaire de Newton. La Géométrie, en exaltant l'ame, conduit, suivant M. de Maupertuis, tout droit au don de prophétie. *Des Géomètres*, dit M. de Voltaire, *ont poussé la folie, jusqu'à prétendre qu'en exaltant son ame, on pouvoit voir l'avenir comme le présent.* Hist. de Louis XV, T. 2, p. 2[illegible].

encore bien avancé, à moins qu'il ne fasse produire, à la même attraction, l'air, l'eau, les métaux, les plantes, les animaux, les hommes. Cela me rappelle ces vers d'un illustre ennemi de ma secte :

Anti-Luc. L. 4.

Ut magnam oceanus partem telluris inundet,
Ut sese attollant montes : ut gramina campis
Ac sylvæ crescant, habitentque animalia terras.

C'est comme si on alloit employer beaucoup d'algèbre à prouver que le corps de l'homme doit s'arrondir en figure elliptique, sans se mettre en peine de la formation de l'intérieur, ni de la destination de cette figure.

M. Huet.

Vos Messieurs ont eu soin de pourvoir à tout cela, & il n'y a rien au monde que l'attraction n'ait fait, ainsi que j'ai eu l'honneur de vous le dire. Vous jugez par-là combien de personnages ils lui ont fait faire, combien de loix ils lui ont assignées : car, s'il y a vingt mille sortes de plantes & autant d'animaux, voilà 40000 loix de mouvement ; puis il faudra multiplier ces 40000 loix par autant d'autres subordonnées, qu'il y aura de différens vaisseaux de chaque espèce, le même mouvement ne pouvant produire que les mêmes organes.

NEWTON.

Rien de plus juste que votre remarque ; & le calcul qui la met dans tout son jour, me satisfait beaucoup. Quel ordre y auroit il encore aujourd'hui dans le monde, si le mouvement & les attractions pouvoient produire quelque chose ? Les anciennes natures se dissiperoient, & feroient place à de nouvelles. De nouveaux cahos, ou de nouvelles combinaisons, devroient former de nouveaux soleils. Mais depuis qu'il y a des hommes, quel changement est-il arrivé au monde ? Le mouvement varie ce qui est fait ; mais il n'a rien produit.

V. le Catéch. Phil. p. 67, édit. de 1777.

In æternum Domine, verbum tuum permanet in cœlo. In generationem & generationem veritas tua : fundasti terram, & permanet. Ordinatione tuâ perseverat dies. Ps. 118.

M. Huet.

Vous paroissez bien plus raisonnable que vos Disciples ; mais ce que vous dites là contr'eux, me persuade que votre Physique en général, & considérée comme affranchie de ces extravagances, ne nous a pas appris grand'-chose (*a*). Les calculs que vous avez appliqués aux objets éloignés, dont l'apparence est équivoque, n'ont nulle application heureuse aux objets voisins, dont les apparences sont certaines. Loin que vos Disciples ratifient & perfectionnent votre Systême, leurs Commentaires le défigurent, en voulant l'appliquer au détail, & ils en multiplient les paradoxes & les embarras. Les

(*a*) Un homme très-éclairé disoit en général des découvertes dont notre siecle se glorifie : *Vel non sunt nova, vel non sunt certa, vel non sunt tanta* ; ou bien elles sont anciennes, ou bien elles ne sont pas assez constatées, ou bien elles ne sont pas d'une grande importance.

plus grands génies, en suivant votre méthode, ne savent que répéter les explications générales que vous avez imaginées, & ne peuvent rien dire de satisfaisant, quand ils viennent aux phénomènes auxquels vous avez eu la prudence de ne pas toucher. En vous accordant même toute la justesse des calculs & des proportions (*a*), il faut convenir que votre Physique abandonne la nature des choses, l'action & le but du Créateur : elle manque surtout le beau & l'intéressant.

Ut res sciri dicatur, exploratam esse oportet causam, propter quam ità sit. Arist. L. 1. post. c. 2.

Scilicet illa modum tantùm describit agendi,
Naturam verò non investigat agentis.

Anti-Luc. L. 4.

J'ose même dire qu'elle a eu de mauvais effets, qu'elle a causé & causera bien des erreurs par la persuasion où elle a mis les hommes crédules, que ce qui est calculé, bien ou mal, ne pouvoit être faux : au contraire, les

(*a*) *Voyez* plus haut, page 15, un passage de M. de Buffon.

vérités intéressantes & utiles, destituées de l'appareil des chiffres, sont tombées en discrédit. La jeunesse, peu capable de suivre votre sublime Géométrie, a perdu son temps & ses talens (*a*). La Littérature en a souffert beaucoup : la Physique a été métamorphosée en Algebre ; toutes les sciences s'en sont ressenties.

NEWTON.

Quand la jeunesse ne retireroit de

(*a*) Passer quelques années à méditer le systême d'un Philosophe, c'est comme si on les employoit à examiner les circonstances d'un songe qu'on nous auroit raconté .... *Celui*, dit M. Caylus, *qui se livre au goût des systêmes, cherche à s'ériger un trône sur les débris des opinions contraires ; il regne en effet, mais dans un empire imaginaire ... les systêmes sont comme une maladie d'esprit causée & entretenue par un épanchement de l'amour-propre*, &c. Voyez le Journal de Trévoux, Octobre 1760, p. 2313. - *La raison humaine peut-elle atteindre au vrai systême du monde ? Je ne dois pas le penser, lorsque je vois qu'elle n'y a pas atteint jusqu'à Newton inclusivement : tous les systêmes sont donc ruineux*, &c. Castel, Syst. de Newton, p. 154.

ses études que la science des calculs, elle seroit bien dédommagée de la perte de la littérature & des autres sciences.

M. HUET.

Je ne pense pas comme vous. En admettant qu'on ne peut être Physicien sans quelque connoissance de la Géométrie, il faut dire aussi que cette science est la science des mesures, & non celle des choses. Vouloir l'élever au-dessus de toute autre étude, & lui soumettre tous les génies, c'est une extrémité blâmable. Horace plaignoit beaucoup les jeunes Romains, qui étoient devenus de grands calculateurs. Il faisoit contraster leur ignorance avec la littérature de la jeunesse Grecque :

Grajis ingenium, Grajis dedit ore rotundo
Musa loqui, præter laudem nullius avaris.
Romani pueri longis rationibus assem
Discunt in partes centum diducere. Dicat
Filius Albini : Si de quincunce remota est
Uncia, quid superat? Poteras dixisse triens. Eu,
Rem poteris servare tuam. Redit uncia, quid fit?
Semis.

NEWTON.

Je comprends ſans peine qu'Horace n'étoit pas grand ami des Calculateurs. Il croyoit apparemment, comme l'a cru depuis l'Abbé Desfontaines, que les ſciences exactes ſe trouvoient rarement avec le génie, & qu'une belle imagination ſe perdoit aiſément dans les déſerts arides des points & des lignes. On me dit qu'un certain M. de la Chapelle, dans l'éloge qu'il a fait de la Géométrie, a bien voulu paſſer condamnation ſur cet article. Mais que cela prouve-t-il ? Ces Meſſieurs empêcheront-ils que Pythagore, Paſcal, Leibnitz, Wolff, Huygens, Képler, Maupertuis, & tant d'autres, ne ſe ſoient immortaliſés par la Géométrie?

Obſerv. ſur les Ecrits modernes, lett. 490 p. 235.

Inſtit. de Géometr. diſc. prel. p. 49.

M. HUET.

Immortaliſés, ſi vous voulez ; mais il eſt toujours vrai que la plupart de ces hommes célèbres ont, par une étude opiniâtre des meſures & des nombres, tellement dépouillé leur ame des idées qui tiennent à la réalité & à la substance des choses, que souvent non-seulement le génie, mais le jugement même a paru appauvri & affoibli. On dit proverbialement que *lorsque l'esprit d'un Géomètre sort d'un angle, c'est presque toujours un angle obtus*; & ce bon mot, qui a ses exceptions, ne se vérifie que trop souvent. Pascal & Joseph Scaliger avoient coutume de dire : *Il est rare que les grands Géomètres soient fins, & il est rare que les gens fins soient Geomètres* L'on peut même dire que les grands écarts, les erreurs ridicules & propres à exciter la pitié, ont été bien plus fréquentes, & plus multipliées chez les Géomètres que chez les autres Savans : car, pour m'en tenir à ceux que vous venez de nommer, que penser de la Métempsycose de Pythagore, de son Monde animé, de son horreur ou de son respect pour les féves? — Pascal avoit la raiſon affoiblie au point de voir toujours un abyme ouvert à ſes côtés. — Leibnitz croyoit que toutes les ames humaines avoient été créées dans le prétendu ovaire d'Eve. Son *Harmonia præſtabilita* eſt, au jugement de tous les gens ſenſés, un chef-d'œuvre d'extravagance. — Wolff paſſoit des nuits à attendre le retour d'une de ſes couſines, dont il pleuroit la mort, & qu'il vouloit encore entretenir. Vous avez ſans doute entendu parler de ſon traité ſublime, *de officio & praxi exonerandi ventrem* ? — Huygens a écrit fort amplement ſur la muſique, la tactique, la politique, & ſur-tout ſur les mathématiques des habitans de la lune. — Képler croyoit que les aſtres étoient animés, & qu'ils avoient pour le moins une ame végétante & agiſſante. — Maupertuis faiſoit, avec de l'opium, des expériences ſur la nature de l'ame humaine; & propoſoit très-ſérieuſement ce moyen à l'Académie de Berlin, pour déterminer enfin la nature du principe qui nous anime. Il réduisoit aussi la preuve de l'existence de Dieu à cet argument algébrique: A *r* + *n* R B. Il a imaginé de faire un trou jusqu'au noyau de la terre; il attribue à la matiere des desirs, des aversions, de la mémoire; il a souhaité de disséquer quelques Patagons, pour y observer l'ame humaine, devenue plus visible dans ces grands corps, &c. Je ne finirois pas, si je voulois faire le détail de tous les délires des Géomètres, & sur-tout des Astronomes *. Je sais que les autres Savans ont eu aussi leurs imaginations; mais je sais aussi que toute compensation faite, la meilleure part en reste à ceux qui ont couru la même carriere que vous; &, pour dire un mot de vous-même, croyez-vous que vous auriez écrit votre Apocalypse, si, au-lieu de tant calculer, vous eussiez tourné votre esprit sur les choses plutôt que sur les

* *V.* ci-dessous, p. 132.

nombres, sur la substance plutôt que sur l'espace? Vous êtes convenu que vos Disciples s'étoient égarés à proportion du zèle qu'ils ont eu pour vous imiter. Un Wisthon, dont vous rougissez aujourd'hui; un Désaguliers qui vous a célébré par un Poëme, où il n'y a ni jugement ni raison, qui s'habilloit tantôt en Arlequin & tantôt en Scaramouche, & mourut enfin dans une pleine folie. Tout cela me fait conclure qu'une étude opiniâtre des chiffres & des lignes n'éteint pas seulement l'imagination, qui est la plus brillante qualité de l'ame; mais qu'elle affoiblit encore la raison qui en est la propriété la plus noble & la plus essentielle. Je sais qu'il y a des exceptions; mais les exceptions même supposent la vérité des observations générales.

NEWTON.

Il me semble que dans ces observations il y a un peu d'humeur; &

qu'au lieu de craindre quelque mauvais effet de l'étude & du goût de la calculation, il faudroit admirer plutôt les honneurs qu'elle a procurés, durant ces dernieres années sur-tout, à des hommes qui passent une partie de la vie en voyage pour mesurer le ciel & la terre, observer les astres, fixer les distances, déterminer les rapports? Ignorez-vous que plus d'un Souverain a épuisé ses trésors à faire marcher quelqu'Astronome d'une maniere commode & brillante jusqu'au rivage de la mer blanche, ou le sommet des cordillieres? Les Géometres ont célébré avec plus d'éclat le dernier passage de Vénus, que les Juifs le passage de la mer rouge? Ceux qui ont vu ce point noir dans le disque du soleil, ont paru avoir fait plus en faveur de leur patrie, que les Scipions & les Marcellus? Ce passage a eu ses martyrs comme la Religion, l'espérance d'un calcul comme celle de la vie éternelle. Le dernier qui soit mort en son honneur, est M. l'Abbé Chappe d'Auteroche. Craignant de manquer l'observation, il s'arrêta au hameau de Saint-Joseph, à dix-huit lieues du Cap Lucar, malgré la maladie contagieuse qui y régnoit. Il y mourut huit jours après le passage de Vénus, content & plein de joie; *vu les fruits qu'on devoit retirer de son Observation.* Sa vie lui a paru peu de chose en comparaison de quelque connoissance de plus ou de moins touchant l'éloignement des astres & la longitude de nos habitations terrestres. Un Officier, douze Soldats, cinquante Indiens sont morts avec lui (*a*).

Journ. polit. Déc. 1770, 2.e du mois, p. 54.

(*a*) On peut consulter la *Lettre de M. de la Condamine, sur le sort des Astronomes qui ont eu part aux dernieres mesures de la terre depuis 1735, avec une Lettre de M. Godin sur son voyage de la Province de Quito à Cayenne, par le Fleuve des Amazones. A Paris, chez Cellot, Libraire 1774*, in-8.°

M. HUET.

Je ne puis nier que les travaux de ces bruyans Observateurs n'aient été utiles à bien des égards, & n'aient jetté des lumieres sur des matieres intéressantes : mais il est possible aussi qu'il y ait de l'exagération dans l'importance qu'on y attache. Il faut convenir que les Observations les plus frayeuses & les plus exaltées, n'ont pas toutes également réussi ; tous les calculs n'ont pas été exacts, ni conséquemment d'accord entr'eux ; quelquefois un Astronome a détruit l'ouvrage de l'autre ; des querelles particulieres, des prétentions exclusives, la lumiere folâtre des systêmes associée à la marche assurée de la Géométrie, ont affoibli le mérite de ces expéditions scientifiques, & resserré les espérances qu'on en avoit conçues. Pour épargner de grandes dépenses, & guérir les Astronomes d'une vaine ostentation, il seroit peut-être expédient de n'en entretenir que quatre dans autant d'Obſervatoires placés aux quatre coins du monde ; l'un dans la Nouvelle-Zemble, l'autre dans les Terres Auſtrales, le troiſieme dans la Californie, le quatrieme ſur les côtes de la Guinée. Les yeux de ces Meſſieurs embraſſeroient parfaitement tout le théâtre du ciel, rien ne pourroit leur échapper.

NEWTON.

A vous entendre, on diroit que vous en voulez à la gloire des Aſtronomes. C'eſt un préjugé que je plains, & que j'entreprendrois peut-être envain de corriger. Mais que dites-vous de cette partie de mes découvertes qui n'appartient point aux Mathématiques ? Toutes mes aſſertions ne ſont pas ſoumiſes aux calculs, & il ne faut pas être Géomètre pour les concevoir & les défendre. Mon Syſtême des couleurs eſt abſolument affranchi de l'appareil de l'Algèbre.

M. HUET.

Il n'en est pas plus solide pour cela, quoique l'intelligence en soit plus aisée. Une fenêtre qui paroît rouge en-dehors, & qui rougit toute la chambre, n'est-elle pas évidemment la ruine de ce Systême? Les mêmes rayons peuvent-ils êtres réfractés & réfléchis? Si les seuls rayons rouges ont passé le verre, pourquoi la fenêtre paroît-elle rouge en-dehors? S'ils sont seuls réfléchis, pourquoi toute la chambre est-elle rouge? Que sont devenues les autres couleurs? Sont-elles absorbées ou réfléchies? Dans le premier cas, la chambre ne seroit pas rouge; dans le second, la fenêtre ne le seroit point en-dehors. Dire que les rayons rouges sont en partie réfléchis & en partie réfractés c'est, 1.° donner à ces rayons deux natures différentes; 2.° anéantir les autres couleurs, qui, toutes ensemble, n'auroient pu empêcher ni même diminuer l'effet de la moitié des rayons rouges.

NEWTON.

Cet argument n'eſt rien moins que neuf, & on y a cent fois répondu.

M. HUET.

On n'y a répondu que des fariboles. Un de vos Diſciples m'a avoué franchement qu'il étoit ſans réplique pour quiconque l'examinoit ſans préjugé. C'eſt ici une de ces difficultés victorieuſes fondées ſur des notions ſimples & immuables: l'entêtement d'un Syſtême ou l'impoſant appareil de la géométrie peuvent les obſcurcir pendant quelque temps; mais le vrai reprend ſes droits, & l'objection n'ayant jamais été bien levée, reparoît ſi ſouvent, qu'enfin elle ſe fait écouter & laiſſe les hommes dans l'étonnement du charme qui leur a ſi long-temps faſciné les yeux. J'avoue que votre ſentiment ſur l'origine des couleurs eſt favoriſé par pluſieurs

expériences

expériences (*a*) ; mais une ſeule ſuffit pour le renverſer, & ce malheur eſt celui de tous les Syſtêmes. On y voit d'abord beaucoup de vraiſemblance ; d'un principe ſpécieux on tire des conſéquences qui s'accordent heureuſement entre elles, avec le principe & avec nombre d'expériences ; alors on crie

---

(*a*) Ces mêmes expériences appuient d'autres Syſtêmes très-différens de celui de Newton. M. Palmer vient de s'en ſervir pour prouver que la lumiere ne comporte aucune couleur, que chaque rayon eſt compoſé de trois autres, &c. &c. Voyez la *Théorie des couleurs & de la viſion, par M. G. Palmer, Ouvrage traduit de l'Anglois. A Paris, chez Prault, 1777.* — L'Auteur des *Lettres à une Princeſſe d'Allemagne ſur divers ſujets de Phyſique, &c.* fait conſiſter les couleurs, comme les ſons, dans les vibrations plus ou moins vives, plus ou moins multipliées. Son ingénieux Syſtême paroît ſatisfaire à toutes les difficultés qui ſe trouvent dans celui de Newton. On peut voir cet Ouvrage, imprimé à Berne en 1775, T. I, pag. 111, Lett. 28, ou plutôt le compte qui en a été rendu dans le *Journ. Hiſt. & Litt. de Luxemb.* 1.er Mars 1778, avec des remarques qui donnent aux idées de l'Auteur plus de clarté & de force.

à la certitude, à l'évidence: mais un point perd tout l'ouvrage (*a*); une observation simple & commune, qu'on a négligée pour s'attacher à des calculs & à de savantes recherches, oblige le Philosophe, qui paroissoit déja couronné, de renoncer à ses idées, & d'abandon-

---

(*a*) C'est ici en quelque sorte l'Histoire de *la Laitiere & du pot au lait :*

Notre Laitiere ainsi troussée,
Comptoit déja dans sa pensée
Tout le prix de son lait; en employant l'argent
Achetoit un cent d'œufs; faisoit triple corvée,
La chose alloit à bien par son soin diligent.
Il m'est, disoit-elle, facile
D'élever des poulets autour de ma maison:
Le renard sera bien habile,
S'il ne m'en laisse assez pour avoir un cochon.
Le porc, pour s'engraisser, coûtera peu de son;
Il étoit, quand je l'eus, de grosseur raisonnable;
J'aurai, le revendant, de l'argent bel & bon:
Et qui m'empêchera de mettre en notre étable,
Vu le prix dont il est, une vache & son veau,
Que je verrai sauter au milieu du troupeau?
Perrette là-dessus saute aussi transportée:
Le lait tombe; adieu veau, vache, cochon, couvée.

ner un Systême qu'il avoit établi & prouvé jusques-là avec succès :

Infelix operis summâ, quia ponere totum Nesciet. H. A. P.

N E W T O N.

Comment mes Systêmes auroient-ils fait disparoître tous les autres, si on n'y avoit reconnu des marques de vérité que les autres n'ont point eues, & si mes preuves n'avoient paru démonstratives?

M. H U E T.

Je ne sais si l'argument que vous faites en votre faveur, subsistera longtemps. On a pu le faire autrefois en faveur de Descartes, & avant lui en faveur de tous les Systémateurs, qui se sont supplantés les uns les autres. Tous les Systêmes périssent ; la plupart des modernes ont déja existé ; ils sont tombés dans l'oubli, pour reparoître

Multa renascentur quæ jam cecidere, cadentque quæ nunc sunt in honore. H. A. P.

& mourir une seconde fois (*a*); il ne faut pas excepter le vôtre, qui sera délaissé à son tour (*b*), & si vous ne

---

(*a*) C'est ainsi que le méchanisme des brutes, enseigné par les Cyniques & les Stoïciens, a été ressuscité par Gomez de Pereïra; oublié, il redevient à la mode de rechef sous l'empire du Carthésianisme. Aujourd'hui on n'en veut plus; mais il ne faut pas désespérer de le voir reparoître. — Le mouvement de la terre est tombé trois ou quatre fois en discrédit : d'abord enseigné par Pythagore, & ensuite rejetté; il reparut par les soins du Cardinal Cusa; il revecut une troisieme fois sous les auspices de Copernic, & parut triompher sans appel sous ceux de Galilée. On verra dans l'Entretien suivant ce qu'il en faut penser. — Les qualités occultes proscrites par Descartes reprennent faveur chez les Newtoniens, &c. &c. Voyez les *nouveaux Mémoires pour servir à l'Histoire du Carthésianisme*, par M. Huet; l'*origine ancienne de la Physique nouvelle*, par le P. Regnaut; *Recherches sur l'origine des découvertes attribuées aux Modernes*, par M. Dutens, &c. Toutes ces révolutions vérifient ce passage de Salomon : *Quid est quod fuit? Quod futurum est, quid est quod factum est? Ipsum quod faciendum est. Nihil sub sole novum; nec valet quisquam dicere : ecce hoc recens est*. Eccle. 1.

(*b*) Déjà M. Roiffé de la Perriere substi-

voulez pas me croire sur ma parole, ni vous tenir à l'expérience de tous les siécles, vous pouvez en voir une preuve géométrique fort divertissante chez le P. Boscowich, votre Disciple*; mais comme cela pourroit vous ennuyer sans que je pusse vous en blâmer, je préfere de vous réciter des vers que

* *In notis ad Philos. recent. Bened. Stay. tom. 2, p. 252, 253.*

---

tue un autre Systême à celui de Newton, & prétend, comme tous les Systémateurs, *appuyer ses opinions par des expériences palpables.* Privat de Moliere ressuscite les tourbillons, & les allie avec l'attraction. Le P. Paulian, cet homme qui, dans son *Dictionnaire physique*, envisage les moindres conjectures de Newton & de ses Disciples comme de *vraies démonstrations*, a inventé également un Systême mixte, où il donne autant de torts à Newton qu'à Descartes. M. de Keranflech, dans ses *Observations sur le Carthésianisme moderne* (à Rennes 1774), fait de nouveaux efforts pour rétablir la gloire de Descartes. . . Tandis que l'enthousiasme Newtonien subsistera, ils ne seront pas écoutés; ils pourront l'être ensuite pour être bientôt ensevelis avec leurs prédécesseurs. Les Systêmes sont comme les monnoies qui n'ont plus de cours quand elles sont remplacées par de nouvelles.

Traité de paix entre Descartes & Newton, trois vol. *in-12*, Avignon, 1763.

j'ai entendu chanter par un poëte charmant, deſcendu depuis peu dans la région des Ombres. Je ne ſais s'ils ſont de ſa façon; mais ils ſont beaux, & je ne puis mieux finir ce long Entretien.

Quant à cette vertu ſecrette,
A ce méchaniſme caché
Qui fait rouler notre Planete;
Je n'en fais rien, la choſe eſt nette,
Et n'en ſuis point du tout fâché;
Ma raiſon qui de ſoi diſpoſe,
Sans tous ces calculs imparfaits,
Sur l'ordre établi ſe repoſe,
Et je profite des effets
Sans trop analyſer la cauſe.
Penſeurs célèbres, pauvres gens,
Qui ſur le Syſtême du Monde
Balbutiez vos argumens,
Et dont l'ignorance profonde,
Depuis plus de quatre mille ans,
Des mêmes erreurs nous inonde,
Sous mille titres différens!
Vous m'amuſez bien, je vous jure,
Et j'aime votre ſérieux,
Lorſque, rêvant à l'aventure,

Chacun de vous, à qui mieux mieux,
Croit deviner la contexture
De ce Globe mystérieux,
De ce grand Corps de la Nature
Dont le Moteur est dans les Cieux.
Cette ame par-tout répandue,
L'un dans le feu croit la trouver ;
L'autre soutient, & croit prouver
Que c'est l'eau qui la distribue.
Cet autre bavard éternel
Adopte l'air qui l'environne
Pour le mobile universel,
Et s'en nourrit quand il raisonne.
Celui-ci se bat pour le plein ;
Celui-là se perd dans le vuide.
Au grand tout, chef-d'œuvre divin,
L'un veut que le hasard préside :
L'autre y soupçonne du dessein.
Tantôt la matiere engourdie
Est brute, oisive & sans ressort ;
Et tantôt pleine d'énergie,
L'Univers lui doit son accord.
Eh! de cet embarras extrême,
Qui vous empêche de sortir ?
Adorez un Être suprême,
Sans chercher à le définir.
Qu'il soit de tout cause première ;

Qu'il anime les Élémens,
Séme dans les airs transparens
Les globules de la lumière,
Et nous la jette par torrens;
Qu'il ait une puissance entière
Sur la mort, la vie & le temps:
Dès-lors, Raisonneurs inutiles,
Si par lui tout est dirigé,
Reposez-vous, dormez tranquilles;
Voilà votre Globe arrangé.

TROISIEME ENTRETIEN

Sur le Systême de Copernic.

BELLARMIN (*a*) & GALILÉE.

GALILÉE.

VOUS AVEZ APPRIS sans doute par des millions d'Ombres, arrivées depuis

(*a*) Bellarmin étoit l'homme du monde le plus tolérant en fait de Systême ; mais il avoit été chargé par Paul V de faire revenir cet Astronome au sentiment alors généralement reçu, & que le Pape croyoit fermement être le véritable. Ils eurent différens entretiens, dont le résultat fut que Galilée promit au Cardinal de ne plus enseigner l'opinion de Copernic que comme hypothèse ; mais jamais homme à systême ne fut fidèle à de pareils engagemens. — On n'entreprend pas ici de combattre le mouvement de la terre, moins encore d'établir son repos ; on examine seulement si les raisonnemens des Coperniciens forment une vraie démonstration, s'ils ont en effet cette simplicité, cette évidence qu'on leur suppose.

plusieurs années au bord du Styx, que le Systême pour lequel vous m'avez tant persécuté, avoit pris le dessus, & qu'on ne parloit plus des autres. Il est parfaitement démontré, & ce n'est plus une hypothèse. J'ai eu le sort de Virgile de Salzbourg, qui fut condamné pour avoir soutenu qu'il y avoit des antipodes.

BELLARMIN.

Je ne sais de quelle persécution vous parlez; vous avez été puni pour avoir manqué à la parole solemnelle que vous aviez donnée, de ne plus enseigner une opinion qui révoltoit par sa nouveauté, & qui donnoit occasion aux gens peu instruits d'accuser l'Écriture, comme n'étant pas d'accord avec la physique (*a*). Quant à Virgile

(*a*) Quoique les Auteurs sacrés, comme l'observe S. Augustin, ne soient pas chargés de nous enseigner la Physique, ils sont néanmoins très-parfaitement d'accord avec cette science. Voyez le *Catéch. Philos.* L. 4, Ch. 2, Art. 4. A Paris, chez Berton, 1777.

Lib. 2, de Gen. ad litteram num. 20.

de Salzbourg, vous répétez là un vieux conte dont on a cent fois démontré la fausseté; on a fait voir, l'histoire à la main, 1.° que Virgile n'avoit pas été condamné, 2.° que dans la thèse que S. Boniface lui impute, il ne s'agissoit point des Antipodes (*a*). Si après cela d'Alembert & d'autres Philosophes, répétés par un homme qui depuis long-temps tient bureau d'irréligion, ne cessent de parler des cruelles persécutions suscitées à Virgile, c'est un entêtement philosophique auquel nous ne savons point de remède.

Mém. de Trévoux, 1708. Janv. p. 136. — Rech. sur l'orig. des découv., &c., par M. Dutens. T. 1. p. 204.

J. E. 1762 Nov. p. 21.

GALILÉE.

C'est bien contre mon intention que quelques demi-Savans ont abusé de ce Systême; j'ai toujours dit que l'É-

(*a*) Muratori *de moder. ing.* l. 1, c. 21, ne paroît pas assez instruit de cette affaire. Berti se trompe également dans son Abrégé de l'Histoire Ecclésiastique. Voyez la justification de S. Augustin sur le même point. *Mém. de Trév.* 1708, *Fév. p.* 299.

criture n'avoit pu parler autrement. Un homme qu'on ne soupçonne pas d'être trop prévenu en faveur des Livres saints, les a entièrement justifiés là-dessus. *L'Écriture*, dit-il, *a besoin de parler le langage de la multitude. Qu'un Missionnaire transplanté au milieu des Pays sauvages, leur prêche ainsi l'Evangile:* JE VOUS ANNONCE LE DIEU QUI FAIT TOURNER AUTOUR DU SOLEIL CETTE TERRE QUE VOUS HABITEZ; *aucun de ces sauvages ne daignera faire attention à son discours.*

D'Alemb. Mél. de Litér. & d'Hist. t. 4. p. 352.

BELLARMIN.

Personne n'a jugé votre intention; & si vous vous étiez borné à proposer ce Systême comme une hypothèse astronomique, on vous eût permis de l'enseigner comme la sacrée Congrégation l'a déclaré expressément *. Mais vous prétendiez démontrer le mouvement de la terre; & cette prétendue démonstration alarmoit d'un côté les esprits timorés, & de l'autre elle

*En 1620.

sembloit plaire aux incrédules; il y avoit à craindre qu'on n'en inférât la pluralité des mondes, comme on le fit en effet. On avoit remarqué que, dans tous les siécles, les Philosophes avoient été querelleurs: qu'ils avoient entretenu mille vaines disputes contre la Religion. On savoit que quand un Systémateur heureux avoit subjugué les hommes, il leur avoit souvent inspiré du mépris pour les vérités qui n'étoient pas de son ressort, ou qui ne s'accordoient pas tout-à-fait avec ses idées. Il étoit donc naturel que la Religion observât cette nouvelle philosophie, qu'elle voyoit se former sur les débris de l'ancienne; & qu'elle veillât à ce que ses partisans n'entreprissent rien contre ses droits (*a*). Plus la secte étoit nouvelle, plus il falloit s'en défier; plus

Res dura: at regni novitas me talia cogit moliri, & latè fines custode tueri. 1. Æneid.

(*a*) On peut voir cette réflexion appuyée & développée par le savant Muratori, *de moder. ingen.* Livre 1, Chap. 24. *Non pravus est zelus*, &c.

elle étoit zélée & opiniâtrément attachée à ses opinions, tranchante & décisive dans des choses douteuses, plus il y avoit à craindre. Nous avons rejetté une opinion incertaine que vous donniez pour démontrée, & dont on paroissoit pouvoir tirer de fausses conséquences (*a*). Si l'on a traité cette opinion d'hérésie, l'expression peut avoir été trop forte; mais votre opiniâtreté à la soutenir comme indubitable ressembloit un peu à celle des Hérétiques (*b*).

(*a*) C'est sans aucune raison que quelques Ecrivains ont compromis l'autorité du saint Siége en cette affaire, & fait intervenir la question de l'infaillibilité du Pape. Il n'y a pas eu de Bulle ou de Bref. C'est un simple jugement de l'Inquisition, ni publié ni accepté hors de Rome; qu'on peut respecter, tandis que la vérité de l'opinion qu'il condamne ne sera pas démontrée.

(*b*) On assure qu'au moment même que Galilée promit de ne plus affirmer le mouvement de la terre, il dit à voix basse : *è pur si move*. Il est cependant certain que cette assertion n'avoit point, au moins alors, ce degré d'évidence & de démonstration qui nécessite le consentement & subjugue l'esprit d'une maniere invincible.

GALILÉE.

Vous convenez donc avec moi, que le Systême de Copernic n'offense point du tout l'Ecriture sainte (*a*).

BELLARMIN.

Je crois assez que les passages qu'on cite ordinairement, ne concluent pas absolument contre ce Systême. J'aurois plus de difficulté à le concilier avec la Genèse & l'ordre de la création, & de concevoir que Dieu ait commencé son ouvrage par la terre pour ne créer les autres planetes que le quatrieme jour (*b*); mais je vous avoue que je ne me suis jamais mis en peine d'ajuster

(*a*) Zimmermann prétend trouver le Systême de Copernic dans l'Ecriture. Voyez *Scriptura sacra Copernizans. Hamburgi*, 1706. L'Auteur de la Physique sacrée l'y a vu aussi. *T. IV*, *p.* 455. Les amateurs des Systêmes voient dans le ciel & sur la terre tout ce qui est conforme à leurs idées.

(*b*) Voyez le *Catéchisme Philosophique*, *p.* 348, édition de Paris, 1777.

tout cela, me proposant de le faire quand des preuves démonstratives en faveur de Copernic m'y auroient obligé.

GALILÉE.

Pensez-vous effectivement que le Systême de Copernic ne soit pas encore démontré aujourd'hui? Bien des personnes le regardent comme tel. Presque toutes les Universités l'ont embrassé; tous les Physiciens, tous les Astronomes ont bâti sur ce fondement.

BELLARMIN.

Seroit-il possible que vous ne sussiez pas encore ce que signifient les mots *certitude*, *démonstration*, *évidence*, dans la bouche des Philosophes modernes? Le pouvoir du préjugé, de l'imitation, du bel air, vous seroit-il inconnu? Le Systême de Ptolomée a été plus universellement reçu que celui-ci; il a fait le fondement de l'Astronomie durant bien des siécles. Une de nos

Ombres a fait voir, il y a quelque temps, que le consentement des Philosophes ne disoit rien. Ne nous a-t-on pas appris tout récemment que des Académiciens du premier ordre, donnoient comme une vraie *démonstration* (*a*) du mouvement de la terre, la diminution de mouvement dans les pendules sous l'Equateur; diminution qu'ils attribuent à la force centrifuge: tandis qu'il est très-naturel de l'attribuer, 1.° à une plus grande chaleur qui dilate & alonge les corps les plus durs (*b*); 2.° à un air plus raréfié (*c*), qui, opposant moins de résistance, lui donne lieu de s'étendre davantage, & de faire ses vibrations avec plus de len-

Suprà, p. 59.

(*a*) Voyez M. de la Lande, *Abrégé d'Astronomie*, n.° 807.

(*b*) Voyez les *Essais de Physique*, par Muschembroek, Chap. 26.

(*c*) Sous l'Équateur le mercure des baromètres descend plus bas que chez nous. Preuve évidente d'une plus grande légèreté de l'air.

teur (*a*), 3.° à la figure de la terre, s'il est vrai qu'elle soit applatie vers les poles; car alors les corps sous l'Equateur sont plus éloignés du centre de gravité, & doivent avoir moins de pesanteur, &c. (*b*)... Les autres *démonstrations* employées en cette matiere, sont toutes à-peu-près du même genre.

GALILÉE.

J'avoue assez que les expériences

(*a*) On peut en faire l'expérience en renfermant une pendule dans un verre dont on a tiré l'air.

(*b*) Ces raisons sont très-suffisantes pour expliquer le retardement des pendules sous l'Équateur; mais ce retardement est bien au-dessous des effets de la force centrifuge. Nous voyons que dans la rotation de la fronde la force centrifuge anéantit toute la pesanteur de la pierre: or qu'est-ce que la vîtesse de cette pierre en comparaison de celle des corps, qui font en vingt-quatre heures le tour de la terre? Je sais qu'on ne manque jamais de mesures & de calculs pour combattre ces sortes de difficultés; mais je crains toujours que ces réponses ne soient plus algébriques que physiques, plus imposantes que vraies.

physiques qu'on allégue en faveur de cette opinion, ne prouvent rien; qu'on y a fait les réponses les plus satisfaisantes. C'est une puérilité de dire, comme je l'ai dit autrefois*, que le flux & reflux de la mer est l'effet du mouvement de la terre; il est également ridicule de prétendre, avec Képler (*a*), que le mouvement de la terre est la vraie cause de la gravité; j'ose

* *Dial. 4. del Systema del mondo, p. 135.*

(*a*) Képler emploie l'expérience des paillettes qui dans un vase rempli d'eau & mû circulairement, ne manquent pas de chercher le centre. On conçoit que l'eau étant plus pesante que les paillettes, a conséquemment plus de mouvement; elle s'efforce de sortir par la tangente, & tient par-là les paillettes éloignées du bord. Pour que Képler pût tirer parti de cette observation, il faudroit que l'air fût plus pesant que le fer, la pierre & tout ce qui gravite vers la terre; & comme cela n'est pas, & que cependant, suivant les régles de la gravitation, cela devroit être, la prétendue démonstration de Képler se tourne contre l'hypothèse qu'il vouloit appuyer. . . . Nous remarquerons en passant que l'idée qu'avoit Képler de la gravité, est très opposée à celle que nous en donnent les Newtoniens.

même dire que la Physique a fourni des argumens plus spécieux contre que pour Copernic (*a*). Mais l'exactitude des Tables astronomiques me paroît une preuve à laquelle on ne peut se refuser. Vous savez que les plus zélés Tychoniciens ont suivi Copernic pour la formation des Tables.

BELLARMIN.

Une de nos Ombres a prouvé, *Suprà*, p. 10. il y a quelque temps, que plus ou moins d'exactitude dans les calculs

(*a*) Les Coperniciens ont répondu à tous ces argumens; mais la difficulté a-t-elle toujours été bien épuisée? Celle par exemple qui regarde la chûte d'un boulet tiré perpendiculairement, & qui retombe dans la bouche du canon. Cela doit arriver ainsi, dit-on, parce que le boulet a le mouvement de la terre. Mais qu'on fasse l'expérience dans un vaisseau en course, dont le mouvement sera également communiqué au boulet, ne pourroit-on pas douter du succès? On s'est contenté de faire tomber des pierres du haut des mâts; mais l'espace de la chûte pouvoit n'être pas suffisant. . . . Si la terre communique plus de mouvement au boulet que le vaisseau; elle s'échappe aussi avec plus de rapidité, & la compensation est exacte.

ne faisoit rien ni pour ni contre une opinion : le célèbre Newton en est convenu. L'Editeur des Ouvrages de Copernic distingue un sentiment plus probable de celui qui se prête le mieux aux calculs. Les Tables de Ptolomée, mille fois plus exactes que celles de Pythagore & de quelques autres, qui soutenoient le mouvement de la terre (*a*), démontroient-elles, selon vous, le mouvement du soleil ? *Præf. op. Copern.*

GALILÉE.

Cette réflexion est assez juste, mais enfin pourquoi la même exactitude ne se trouve-t-elle pas chez les Tychoniciens ?

(*a*) Il n'est pas sûr que Pythagore ait perfectionné ce Systême jusqu'à dresser des Tables ; mais supposé qu'il l'ait fait, ces Tables étoient assurément bien au-dessous de celles de Ptolomée, puisqu'elles n'ont pris faveur chez aucun Astronome ; & s'il n'a pu dresser aucune Table, tandis que les Ptolomaïciens triomphoient avec les leurs, comment peut-on aujourd'hui employer un genre d'argument qui appuyoit autrefois le systême contraire ?

BELLARMIN.

Quand je n'aurois point de raiſon à vous donner, cela ne prouveroit rien. Il ſuffit que le faux puiſſe être mieux calculé que le vrai. Mais j'oſe dire, que ſi la nouveauté & l'envie de contredire les Théologiens, avoient fait pour Tycho ce qu'elles ont fait pour Copernic, le Syſtême du premier ſeroit auſſi parfaitement calculé & auſſi ingénieuſement défendu que celui de ſon Adverſaire. Ce jugement n'eſt ſûrement point haſardé, puiſque le Syſtême même de Ptolomée a pu être calculé au point de prédire les éclipſes & toutes les révolutions céleſtes (*a*). Déjà

(*a*) La poſſibilité de calculer les mouvemens céleſtes dans tous les Syſtêmes, malgré l'oppoſition des principes, malgré l'ignorance parfaite où nous ſommes de l'éloignement & de la vîteſſe abſolue des planetes, eſt une choſe très-remarquable. Cela montre bien que la Providence, en nous privant des connoiſſances de pure curioſité, nous abandonne les connoiſſances utiles; en tenant cachés les reſſorts & la diſpoſition de cette

on explique les rétrogradations sans épicycle, par une espèce d'attraction, qui ne peut manquer de plaire aux Newtoniens (*a*). M. Wolff, qu'on ne

---

admirable machine, elle en laisse à découvert le résultat, toujours invariablement soumis à nos recherches & à nos usages.

(*a*) Képler approuvoit beaucoup cette maniere d'expliquer les rétrogradations dans le Systême de l'immobilité de la terre : on dit qu'il en est l'Auteur ; mais elle est certainement de Tycho, qui l'expose fort au long dans sa Lettre à Rothmann (*Epist. Ast. p. 148*), les rétrogradations, selon lui, sont une conséquence de cette régle générale : *Les Planetes suivent le Soleil.* Mais pourquoi, demande M. de la Lande (*Abrégé d'Astronomie, n.º 407*), la terre ne se ressent-elle pas de cette espèce d'attraction, & pourquoi ne suit-elle pas aussi le Soleil ? Pour répondre à cette question, il faudroit bien connoître la nature des Planetes, & savoir la différencier parfaitement de la nature & des propriétés du Globe terrestre. Pourquoi l'aimant attire-t-il le fer plutôt que les autres métaux, que les pierres, les végétaux, les testacées, &c. ? Quoique cette observation fût très-aisée à faire, M. de la Lande finit cet article par cet épiphonème : *Il est clair que c'est là, dans le Systême de Tycho, une véritable absurdité.* Cela prouve que les plus

ſoupçonne pas ſans doute d'être trop favorable à Tycho, convient qu'il explique très-bien le temps de la révolution des planètes, en ſuppoſant une communication de mouvement depuis le Firmament juſqu'à la Lune (*a*). Au reſte, je ne crois pas le Syſtême de Tycho plus vrai que l'autre. Peut-être & très-vraiſemblablement ſont-ils faux tous deux, en les conſidérant dans

---

ſavans hommes peuvent ſe prévenir étrangement contre des opinions très-conformes aux phénomènes les plus connus.

(*a*) *Elément. Aſtron. p. 102.* Le cours annuel des étoiles n'eſt autre choſe, ſuivant les Tychoniciens, que le retardement du mouvement journalier, dans une direction diagonale ou ſpirale. La lune, comme la plus éloignée du firmament, ou du premier mobile, retarde le plus; auſſi ſa révolution eſt-elle bientôt achevée. Les étoiles au contraire retardent peu, & leur courſe n'eſt achevée qu'en 25920 ans. Delà encore, le ſoleil reſte plus long-temps dans les ſignes ſeptentrionaux, parce qu'alors il eſt plus éloigné de la terre, &c. Il n'y a pas, dans le Syſtême oppoſé, de principe unique qui explique tout cela.

toute

toute leur étendue : peut-être la terre a-t-elle un mouvement sur son axe, & que le soleil & les planètes font le reste* : peut-être le mouvement du soleil donne-t-il le jour & la nuit, celui de la terre les saisons (*a*).

* C'est le Systême de Scheiner, de Longomontanus, &c.

GALILÉE.

Les Observations en faveur de Copernic ont une exactitude, une justesse que le faux ne sauroit avoir. Nous apprenons que Bradley, en déterminant la vîtesse de la lumiere par l'émersion des satellites de Jupiter, vient encore de lui donner un nouveau jour. L'admirable régle de l'immortel Képler suffit pour m'y attacher à jamais.

BELLARMIN.

Je suis plus difficile à m'extasier que

(*a*) Le P. Deschales, un des meilleurs Mathématiciens du dernier siécle, prétend qu'on peut imaginer jusqu'à vingt hypothèses qui expliquent parfaitement toutes les apparences des Astres, en regardant comme immobile un des neuf termes que nous avons, les sept planètes, la terre, & le firmament.

vous. 1.° Rœmer & Cassini ne peuvent s'accorder sur ce point, que Bradley a décidé selon l'exigence de ses calculs; & ces calculs en supposent mille autres, de la justesse desquels un zélé Copernicien * n'a pas voulu répondre.

* Gravesande, ci-dessus, p. 25.

2.° Si l'émersion du premier satellite de Jupiter est favorable à vos idées, celle des autres ne l'est pas, & renverse vos conjectures. Tout ce que M. Pound, Auteur Anglois, a disserté là-dessus a obscurci cette matiere par de nouvelles difficultés, au-lieu de la développer & de l'éclaircir.

3.° Si le diamètre entier de la course annuelle de la terre retarde la vue du satellite de 14 minutes, la moitié & le quart donneront 7 & $3\frac{1}{2}$, ce qui est démenti par l'expérience.

4.° Le Systême de Tycho s'accommode également de cette Observation; puisque Jupiter est tantôt plus proche, tantôt plus éloigné de la terre.

Quant à la régle de Képler, elle

manque de fondement, puisque la distance des planètes nous est inconnue; mais quand elle ne souffriroit point de contestation (*a*), elle ne prouveroit pas grand'chose en faveur de Copernic. Supposez, comme Tycho, la terre immobile, & néanmoins le soleil au centre des planètes; la régle de Képler servira ce Systême à-peu-près autant que le vôtre.

Suprà, p. 22 & suiv.

GALILÉE.

Je vois bien que vous ne voulez rien me passer en faveur de Copernic. Mais vous avouerez que la grande

---

(*a*) Les taches du soleil, qui ne sont autre chose que des corps éphémeres, formés des exhalaisons, de cet astre, & qui selon Wolf (*Elem. Ast. p. 413*), sont absolument séparés de la superficie du soleil, ne font pas leur révolution selon la régle de Képler, & l'on n'a pu donner jusqu'ici aucune raison satisfaisante de cette exception. Pour couper court à la difficulté, Newton & Kheil prétendent, contre toute vraisemblance, que ces corps sont inhérens, au soleil, & n'ont d'autre mouvement que lui.

ſimplicité des mouvements, la diſpoſition ſymmétrique des globes céleſtes, forment une preuve qu'aucun raiſonnement ne peut affoiblir.

BELLARMIN.

1.° Cette preuve en ſuppoſe beaucoup d'autres, qui ne ſont pas aſſez ſolides. Elle ſuppoſe, par exemple, que Dieu n'agit jamais que par les voies les plus ſimples. Les plus compoſées, en donnant plus d'extenſion & de ſenſibilité à ſon ouvrage, font ſouvent mieux ſentir ſa grandeur & ſa puiſſance (*a*). Il pourroit nourrir tout le genre-humain & tous

(*a*) Je me ſouviens d'une comparaiſon fort naïve qu'un Phyſicien très-ſage employa un jour dans une diſpute publique ſur cette matiere. Lorſque le Roi, diſoit-il, fait ſon entrée dans la Capitale, ſon carroſſe eſt tiré par huit chevaux; deux ſuffiſent: des caroſſes vuides, des chevaux de main précèdent & ſuivent en très-grand nombre, cela n'eſt point aſſurément de toute néceſſité, & l'entrée pouvoit être bien plus ſimple.

es animaux avec une ſeule eſpèce de nourriture, comme il a nourri avec cinq pains cinq mille hommes dans le déſert ; cela le rendroit-il plus admirable que l'étonnante variété des planètes, des fruits, &c ?

2.° Cette ſimplicité ſeroit peut-être contraire aux cauſes actuelles du mouvement des aſtres, & à la conſervation de l'univers, dont nous ignorons parfaitemens les reſſorts.

3.° On voit aſſez clairement, même dans votre Syſtême, que Dieu ne s'eſt pas attaché à la plus grande ſimplicité, ni à l'arrangement ſymmétrique dont vous parlez. La terre a trois mouvements. Un ne pouvoit-il pas ſuffire ? En ſuivant l'ordre & la diſpoſition des globes céleſtes, je trouve d'abord le ſoleil, qui eſt très-grand ; enſuite Mercure & Vénus, qui ſont petits ; la Terre, qui ſuit ces deux planètes, plus grande ; Mars plus petit que la Terre ; Jupiter plus grand ; Saturne plus petit que Jupiter. Mercure & Vénus sont sans satellites; la Terre en a un; Mars n'en a pas (*a*). Saturne a un anneau; les autres n'en ont pas. Jupiter est droit; la Terre & Saturne sont inclinés sur leurs axes. Il n'y a aucune proportion ni distribution symmétrique dans tout cela.

Au contraire, dans le Systême de Tycho, il y a plus d'ordre. Les trois premieres planètes sont sans satellites; les autres en ont. La grandeur des pla-

(*a*) Les Coperniciens, dont les principes de simplicité & d'uniformité supposent nécessairement un satellite à Mars, & même deux ou trois (puisqu'il est entre la terre, qui en a un, & Jupiter, qui en a quatre), n'ont pas manqué de dire que Mars avoit effectivement un satellite. En 1774, M. Bonnet l'assuroit comme *un fait certain, découvert par un Astronome nommé Kinderman*; il en fit part à M. Bernouilli, & peu s'en est fallu que le satellite de Mars ne prît place au Ciel avec celui de Vénus, qu'on a voulu aussi y faire recevoir à toute force. Voyez *les Lettres sur différens sujets, écrites durant le Voyage de Jean Bernouilli, tome II*, p. 13.

nètes augmente jusqu'à Jupiter; Mars ne vient pas interrompre la proportion.

Ce qui éloigne encore le Systême de Copernic de la simplicité & de l'ordre, c'est la distance énorme & la masse monstrueuse des étoiles fixes; car entre notre tourbillon & les étoiles fixes, il faut supposer un espace immense parfaitement vuide, & de plus attribuer aux étoiles une grandeur tellement supérieure à celle de notre soleil, que celui-ci ne soit dans la comparaison qu'un grain de sable à côté d'un monde entier. Sirius par exemple, selon Copernic est 48, selon Galilée 52, selon Képler 46 fois plus grand que tout le tour annuel de la Terre; & suivant ce dernier, 1,976,656,375,000 fois plus grand que le globe terrestre (*a*). Or cela est-il rai-

(*a*) Voyez les preuves de ces résultats dans l'*Almageste* du P. Riccioli, l. 9, ch. 30, n.° 7.... M. de la Lande (*Abrégé d'Astro-*

ſonnable, & ne doit-il pas prévenir contre un Syſtême qui oblige à une pareille ſuppoſition? La rapidité des étoiles, ſelon Tycho, n'eſt-elle pas infiniment plus croyable, que leur grandeur inſenſée, ſelon Copernic (*a*)?

Credibilior eſt velocitas fixarum diurna, quàm moles inſana. Ricciol. almag. l. 9.

---

nomie, n.° 404), répond qu'on n'eſt obligé d'agrandir ſi prodigieuſement les étoiles, que dans la ſuppoſition que leur diamètre apparent eſt de deux ou trois minutes, tandis que réellement il n'eſt pas d'une ſeconde. Mais, 1.° il eſt faux que cette grandeur ſoit calculée ſur le diamètre apparent de deux ou trois minutes; car le P. Riccioli ne le ſuppoſe que de dix-huit ſecondes : 2.° il eſt très-douteux ſi l'étendue que donne M. de la Lande à ce diamètre eſt bien déterminée ; il n'y a pas d'apparence qu'elle puiſſe l'être d'une maniere plus ſûre & plus uniforme que la grandeur & l'éloignement des Planètes, dont nous avons vu ce qu'il falloit penſer : 3.° L'énorme grandeur des étoiles dans l'hypothèſe de Copernic n'eſt pas tant fondée ſur leur diamètre apparent que ſur le défaut de parallaxe, & ſur un éloignement tel qu'elles ceſſeroient d'être viſibles ſi elles n'excédoient infiniment le corps du ſoleil, comme on le dira ci-deſſous.

(*a*) S'il eſt vrai que les corps ſont parfaitement indifférens au mouvement ou au re-

Mais il y a plus. Il faudra pousser le désordre bien plus loin, & dire, que tandis que notre soleil est infiniment éloigné des étoiles ; les étoiles, qui, selon les Coperniciens, sont autant de soleils, des millions de fois plus grands que le nôtre, sont extrêmement proches les unes des autres, & forment autour de notre tourbillon une espèce de tapis : ce qui fait encore une singularité en faveur de notre monde, tandis que les Coperniciens n'en veulent pas reconnoître.

GALILÉE.

Je ne vois pas ce qui oblige à sup-

---

pos, la course la plus rapide n'a rien de plus révoltant pour l'imagination que l'immobilité la plus absolue.... M. de la Lande, qui ne trouve aucun inconvénient à agrandir énormément les étoiles, & à leur donner une précellence si marquée sur le soleil (*Abrégé d'Astronomie, n.° 404*), ne paroît pas faire attention que ces distinctions, ces exceptions sont essentiellement opposées à la simplicité si vantée du Système de Copernic, & dérogent à l'uniformité de l'Architecture du Monde.

poser cette singularité, & entasser ainsi les étoiles.

BELLARMIN.

Je le vois bien. Si Sirius, par exemple, a un domaine proportionné à sa grandeur, son empire passera infiniment celui du soleil. Nous ne verrions donc dans toute l'étendue du ciel, que trois ou quatre étoiles. Dire qu'on voit les autres à travers l'espace immense des premiers tourbillons, dont les étoiles ne paroissent déjà que comme des points indivisibles, qu'aucun télescope ne peut augmenter d'une ligne, c'est *sortir d'une difficulté avec le Chevalier de Causant*, comme a dit un bel esprit, qui est encore parmi les vivans. Un Charlatan de Philosophe a beau nous prêcher, qu'on voit jusqu'au soleil du vingtieme tourbillon en ligne directe, & s'écrier que c'est là un mystère inconcevable; nous ne ferons pas d'efforts ni pour le croire ni pour le con-

Gottsched, notes sur la *pluralité des mondes* de Fontenelle.

cevoir. Mais, quand on n'insisteroit pas sur ce point, il seroit du moins certain qu'on ne verroit sur l'horizon que trois ou quatre étoiles de la premiere grandeur : car, en ne supposant même le domaine de ces étoiles qu'égal à celui de notre soleil, il n'y en auroit dans toute l'entendue du Ciel qu'onze ou treize. Il est démontré à l'œil qu'un corps sphérique ne peut être environné que d'onze ou treize corps à-peu-près égaux, éloigné l'un de l'autre d'une distance égale à celle du milieu. Fontenelle donne plusieurs soleils à un même tourbillon (*a*): c'est la marque d'un grand embarras, & la ruine de l'uniformité si chere aux Coperniciens. Sirius, beaucoup plus grand que tout

(*a*) Il est évident qu'en ce cas, la terre dans son voyage annuel, devroit répondre tantôt à une étoile, tantôt à une autre ; & que la réponse ordinaire que les Coperniciens font à cette difficulté, ne peut subsister en aucune façon.

notre tourbillon, aura ſans doute beſoin d'autres ſoleils pour l'aſſiſter à éclairer l'eſpace de ſa ſphère; & cet eſpace étant, comme nous venons de le voir, fort reſerré, où placera-t-on tant de maſſes énormes?... Rien de plus fanatique que les Syſtémateurs, ſur-tout en Aſtronomie (*a*).

(*a*) Il n'eſt pas croyable, à quel point la témérité & la crédulité des Aſtronomes ont été portées dans tous les temps; mais ſur-tout dans les derniers ſiècles On peut dire d'eux, ce que le P. Kircher dit des Chymiſtes, qu'il ſuffit qu'ils aient vû une étincelle, pour affirmer mille phénomènes prodigieux. Hartſecker a vu clairement dans la lune une grande Ville, & pluſieurs belles chauſſées qui y conduiſent. D'autres y ont vu des forêts, des mers, &c. Viſions réfutées par les meilleurs Obſervateurs. Sous le regne de Charles II, une ſouris s'étant gliſſée dans le Téleſcope, on publia dans toute l'Angleterre, qu'il y avoit dans la lune un animal monſtrueux. Rheita, Aſtronome de Cologne, a remué toute l'Europe par la prétendue découverte de cinq nouveaux Satellites autour de Jupiter. M. Kindermann, comme je l'ai dit ci-deſſus, vient de voir un Satellite à côté de Mars; d'autres

GALILÉE.

Quelques Coperniciens se sont contentés de dire, que les étoiles étoient assez grandes pour être vues ; mais

---

ont vu celui de Vénus; le P. Hell, qui n'a pas eu le même bonheur, a fait une Dissertation pour prouver que Vénus n'en avoit pas. Dix Newtoniens ont prouvé par l'Algebre qu'il ne pouvoit y en avoir. Cependant M. Lambert, Astronome de Berlin, disoit encore en 1777 que le premier de Juin ce Satellite paroîtroit sans faute pour faire légaliser son existence : il est vrai que le Satellite n'en a rien fait ; mais il est également vrai que les très-patiens Astronomes de Varsovie l'ont attendu sans branler depuis le lever du soleil jusqu'à huit heures du soir. En 1778, le P. Mayer a découvert une infinité de Satellites autour des étoiles fixes. Tous les Astronomes Juifs, Grecs, Arabes s'étoient réunis pour annoncer, en 1186, une conjonction de toutes les planetes, qui devoit causer d'horribles ravages, dont le moindre étoit la fin du monde. En 1736, à l'occasion d'un vent furieux & d'une chaleur extraordinaire vers le 20 Octobre, les Astronomes publierent que le soleil avoit rétrogradé. En 1769, un jour a excédé sa longueur légitime de 14 minutes. La même année Saturne s'étoit perdu. En 1524, 1756, 1773, il devoit

cette réponse vague ne signifie rien; leurs maîtres se sont crus obligés de reconnoître cette grandeur énorme. Ils ont voulu faire face aux objections de leurs adversaires. L'axe de la Terre dans son voyage annuel devroit changer de situation vis-à-vis des étoiles fixes, & ne pas répondre toujours exactement à la même. Soixante millions de lieues font un objet. Il a donc fallu éloigner les étoiles (& les agrandir par conséquent, pour qu'elles fussent visi-

arriver des cometes avec des déluges & des embrasemens, &c. qui auroient mis la terre à deux doigts de sa perte. On a vû des cometes venir en droiture des étoiles fixes jusqu'à nous. Newton assure que la chose est impossible; mais ses disciples, qui les ont accompagnées dans la route, se sont moqués de leur Maître; ils y ont vu des hommes, que Newton prouve avoit été des Salamandres, puisque ces cometes étoient 2000 fois plus échauffées qu'un fer ardent. Tant de singulieres imagiuations astronomiques ont fait dire à un homme très-sensé :

Du Soleil les douze habitations
Mènent souvent aux Petites-Maisons.

bles) au point de faire disparoître 60 millions de lieues vis-à-vis d'une distance presque infinie. Mais cette difficulté est devenue une preuve, depuis qu'on a remarqué quelques secondes de différence dans l'aphélie & le périhélie (*a*).

BELLARMIN.

Ces secondes sont une de ces visions familieres aux Astronomes, quand ils ont besoin de certaines convenances, sans lesquelles leurs idées ne pourroient subsister. Ils n'ont pu déterminer la parallaxe des planètes, ni leur éloignement, ni leur grandeur. Il y a des différences énormes dans leurs calculs; mille & mille diamètres terrestres n'ont pu les rendres égaux. Mais ici, où il s'agit d'une étoile quinze cens mille

(*a*) L'Auteur du *Copernicus triumphans*, parle de cette observation comme d'une preuve sans réplique. M. de la Lande en parle avec la même confiance. *Abrégé d'Astronomie*, n.° 409.

millions de lieues plus éloignée que le ſoleil, tout eſt ſi exact qu'il n'y manquoit que ces ſecondes; & heureuſement on les a vues. Quand l'obſervation ſeroit juſte, il faudroit encore diſputer ſur la cauſe (*a*); prouver, par exemple, que l'athmoſphere ne peut influer ſur les rayons autrement dans un temps que dans un autre, en hiver autrement qu'en été; que le mouvement propre des étoiles, reconnu par Wolff, Kirch, &c. ne peut être la cauſe de ce phénomene, &c. Le fait eſt que les plus zélés Coperniciens, comme Wolff (*b*), Manfredi (*c*), &c. ſe ſont moqués de cette

(*a*) La température de l'air, la hauteur de l'athmoſphere, les vents, &c. influent beaucoup ſur la réfraction des rayons. Muſchenbroëck, Amort, Laval, Boſcowich, &c. s'expliquent amplement là-deſſus. Il n'eſt pas certain que les aſtres verticaux ne ſouffrent point de réfractions, c'eſt l'aveu de Boſcowich, &c.

(*b*) *Elem. Aſtron. n. 606 & 607.*

(*c*) *Comment. Acad. Bonon. T. I, p. 603.*

observation ; & nous pouvons en toute sûreté en faire de même (*a*). Le P. Scherffer croit faire beaucoup en ne désespérant pas qu'on la fera un jour :

(*a*) M. Pluche, *Spect. de la Nat. T. IV, p. 496*, traite cette difficulté avec peu d'exactitude. 1.° Il parle de ces secondes comme d'une démonstration, tandis que les plus savans Coperniciens n'en ont fait aucun cas. 2.° Il cite Flamstéed & Cassini, & ce dernier réfute les preuves du premier*. 3.° Il tire le plus grand diamètre de l'orbite d'un équinoxe à l'autre : il est évident qu'il passe d'un solstice à l'autre. 4.° Il ne lui donne que vingt ou trente millions de lieues, quoique, selon Cassini, dont il adopte les idées en cet endroit, il soit de plus de soixante millions de lieues. 5.° Il tranche la difficulté en disant : « Il est aisé de voir » que la distance des étoiles à la terre est » immense, que vingt & trente millions de » lieues n'y paroissent point sensibles ; » & c'est justement ce qu'il n'est pas aisé de voir, comme je viens de le montrer, à moins de porter cette distance au point d'en faire résulter les plus grandes absurdités. Cet estimable Auteur ne s'égare que lorsqu'il adopte un Systême contre la profession qu'il fait de n'en point adopter, & malgré les avertissemens qu'il donne à ceux qui en adoptent.

* Mém. de l'Acad. en 1699.

Nondum penitùs conclamatum est de parallaxi, &c. Instit. Phys. T. I, pag. 142.

GALILÉE.

Vous me guéririez presque de l'enthousiasme que j'ai toujours eu pour ce Systême. Les plus grands Astronomes l'ont eu comme moi.

BELLARMIN.

Vous vous trompez. Si j'excepte quelques Auteurs emportés par le torrent du préjugé, qui ont pris à cette occasion le ton de Pédant, en confondant la probabilité avec la certitude; les plus célèbres Coperniciens, à ce que j'ai vu moi-même dans le séjour des vivants, & selon ce que différentes Ombres m'ont rapporté depuis, regardent ce sentiment comme très-problématique. Gassendi s'exprime clairement là-dessus: *Tametsi opinio de terræ motu probari videatur vérisimi-*

Altos sibi nimis sumunt spiritus. Demonstratum volunt quod vix specie veri fulget Phys. sac. T. 5, 1039.

Voyez un passage de Boscowich, ci-dess. *p.* 59.

libus argumentis, nulla tamen est demonstratio.

Huygens va plus loin, & prétend que jamais personne ne pourra prouver le mouvement de la terre, ou celui du soleil: *Firma hæc sententia mea est, mortalium neminem terræ motum aut quietem probaturum.* Képler dit la même chose; & le sentiment du Pere de l'Astronomie moderne, ne doit il pas être respecté par ses enfans? D'habiles Critiques ont porté le même jugement: *la vérité est, que tous nos raisonnements, toutes nos connoissances naturelles, ne nous ameneront jamais à connoître lequel des deux est vrai. C'est un secret de l'Ouvrier, que notre raison ne pénetre point; qu'il est inutile & même téméraire de vouloir décider.*

Il tient un autre langage dans la *pluralité des mondes*, ch. 2.

Dict. de Trév. Art. *Terre.*

Le savant Editeur des Ouvrages de Copernic, déclare que ceux qui pensent autrement, ne connoissent pas assez la matiere sur laquelle ils prononcent: *Quibus aliud videtur, rem penitùs non at-*

Numquid nosti ordi-

tigerunt. Certi nihil in Astronomiâ expectandum, quod hypothesim aliquam spectet. Préf. op. Copern. *illa hypothesis præfertur, quæ est quoad calculos facilior, non quæ verisimilior.* Ibid.

nem cœli, & pones rationem ejus in terrâ?... quis enarrabit cœlorum rationem? Job. 38.

J'ajouterai une réflexion simple, mais juste, d'un Copernicien moins connu : *Quis credat aliam hypothesim impossibilem esse, quæ pari vel majori facilitate hæc omnia expediat? ergone ex innumeris, quibus divinus Artifex cælestia corpora, aut singulas universi partes disponere poterat, rationibus, ut eadem prorsùs, quæ nunc sunt, phenomena nobis exhiberent, hanc unam à Copernico excogitatam elegit?* Zanchi, Phy. part. p. 45 (*a*).

Corsini va jusqu'à soupçonner, qu'un jour la découverte de quelques nouvelles étoiles détruira le Copernicisme : *Novæ adeò stellæ observari poterunt,*

(*a*) Cette réflexion reçoit un nouveau jour de l'Observation du P. Deschales, dont nous avons parlé ci-dessus, page 121.

quæ hypothesim Copernici destruant. Inst. Phy. & Math. (*a*).

Enfin, si vous voulez bien, je finirai par l'aveu d'un Philosophe bel-esprit : *On tient le mouvement de la terre pour certain, non que tous les Philosophes en soient évidemment convaincus : mais parce qu'accoutumés à cette proposition, on l'a reçue pour vraie, & que le long usage de calculer*

On peut voir d'autres passages dans la savante Dissertation du P. Patuzzi, *de sede inferni.* cap. 12.

(*a*) Le soupçon du P. Corsini peut s'étendre à toutes les parties de la Nature Physique, qui ont quelque rapport au mouvement de la terre ou du soleil. Une Observation qui paroît souvent fort indifférente, & qui ne semble regarder qu'un objet de très-peu de conséquence, suffit pour donner un ébranlement général à toutes les opinions reçues. Que d'idées n'a pas tout-à-coup anéanti le petit tube de Toricelli ? L'horreur du vuide étoit-elle alors moins accréditée ; moins universellement enseignée que ne l'est aujourd'hui le mouvement de la terre ?... Admirons l'économique dispensation de la Nature qui se plaît à ne dévoiler que par degrés ses secrets & ses avantages, & tenir toujours en réserve quelques faits pour renverser les Systêmes les mieux étayés.

intégralement & différenciellement, tient lieu de preuve. Voyageur Phil. Tom. II, page 206.

Tous ces aveux me font croire qu'il n'est pas impossible que l'hypothèse de Copernic, aujourd'hui si accréditée parmi les vivans perde un jour la faveur des Astronomes, & qu'on dise dans quelques années, dans quelques siécles, comme on disoit en 1570:

Hexam. de Bartas.

Il se trouve entre nous des esprits frénétiques
Qui se perdent toujours dans des sentiers obliques,
Qui sans cesse créant des Systêmes nouveaux,
Prouvent que la raison gît loin de leurs cerveaux :
Tels sont, comme je crois, ces Ecrivains qui pensent
Que ce ne sont pas les Cieux ou les Astres qui dansent
A l'entour de la Terre ; ainsi, que la Terre fait
Chaque jour sur son axe un tour vraiment parfait,

QUATRIEME ENTRETIEN

Sur la pluralité des Mondes.

LE P. KIRCHER & M. HUYGENS.

M. HUYGENS.

EN VÉRITÉ, je ne conçois pas comment vous ayez fait si peu de découvertes dans votre *Itinerarium extaticum*. Un Philosophe un peu pédant * vous a reproché, avec quelque raison, d'avoir perdu votre temps à faire le voyage du ciel.

* Colin Maclaurini, exposit. phil. Newton. cap. 1.

LE P. KIRCHER.

Comme ce Philosophe a vu dans mes Ouvrages ce qui n'y étoit pas (*a*),

(*a*) Il paroît certain qu'il ne les a pas lus ; il s'en est rapporté à Huygens, *Pluralité des Mondes*, part. 2, ch. 1. — M. Savé-

il n'eſt pas ſurprenant qu'il ait fait dans le ciel des découvertes qui m'ont échappé. Accoutumé à appuyer mes raiſonnemens de l'expérience, & à ne pas prononcer ſur ce que j'ignorois, je n'ai pas voulu donner des ſoupçons pour des vérités. Je me ſuis attaché préciſément à faire quelques conjectures

rien (*Hiſtoire des Progrès de l'Eſprit-Humain dans les Sciences Naturelles*, p. 236), traite encore plus mal le P. Kircher que Maclaurin. Il lui fait débiter les extravagances les plus révoltantes ſur les prétendus habitans de Saturne, de Vénus, &c; quoique le ſavant Jéſuite en ait conſtamment nié l'exiſtence : *Noveris nullum hoc loco vegetabile ſimile terreſtri, nec animalia ulla, multò minùs homines vivere & procreari poſſe.* Itin. extat. dial. 1, c. 2. *Nulli in mundanis globis homines degere poſſunt, præterquam in terreno.* Dial. 1. c. 3. M. Savérien n'a donc pas lu ce qu'il cenſure ; il s'en eſt tenu à la traduction de quelque demi-latiniſte qui aura entendu des habitans de Saturne & de Vénus, ce que le P. Kircher a dit, ſelon les idées alors généralement reçues, & qui recommencent à prendre faveur, des influences des planètes ſur les hommes qui habitent la terre.

raiſonnables

raisonnables sur la nature & la constitution de ces globes (*a*).

M. HUYGENS.

Je ne suis point ennemi de votre réputation. Il n'y a peut-être point eu d'homme qui ait écrit avec autant de profondeur sur tant de choses différentes, la plupart difficiles & cachées. A la vérité, votre *Ars magna sciendi* me semble être une puérilité, une science Espagnole ou Arabique; mais j'estime beaucoup vos autres Ouvrages,

(*a*) Quelques-unes des conjectures contenues dans l'*Itinerarium extaticum* peuvent paroître hasardées; mais elles sont en petit nombre & de peu de conséquence en comparaison de celles que Huygens nous donne comme des vérités toutes pures dans sa *Pluralité des Mondes*. Le P. Kircher est assurément plus conséquent, choisit mieux ses principes, & se tient bien plus en garde contre les désordres de l'imagination. Sa maniere de dialoguer naturelle, intéressante, pleine de dignité & de sentiment, son style pur & élégant forment un contraste frappant avec le très-plat Traité de l'Astronome Hollandois.

qui ont enrichi plus d'un savant, & dont on a souvent profité sans en faire mention. L'*Ars magna lucis & umbræ* est un chef-d'œuvre d'Optique, & la *Musurgia universalis* un chef-d'œuvre d'Acoustique, fort au-dessus des lumieres de votre siécle, & il est peut-être plus étonnant que vous ayez écrit le *Mundus subterraneus* en 1630, que de voir paroître cent trente ans après l'élégante *Histoire Naturelle* de M. de Buffon. Quelques erreurs alors généralement reçues, que Newton n'eut pas plus évité que vous s'il avoit écrit dans le même temps, ne doivent pas vous être reprochées. Des demi-Philosophes, dont la plupart ne vous ont jamais lu (*a*), regardent comme des

(*a*) Entr'autres les Rédacteurs du *nouveau Dictionnaire Historique portatif* en six & en quatre volumes. Rien de plus injuste de plus ridiculement contradictoire que ce que ces Messieurs écrivent sur Kircher. Jamais compilation n'a été plus mal assortie que celle-là. Il y a un grand nombre d'articles où le commencement est détruit par

imaginations, certains effets extraordinaires que vous rapportez, & que les expériences modernes confirment. Ce que je ne puis vous pardonner, c'est de n'avoir pas vu la pluralité des mondes, & les habitans des planetes, dans un voyage qui sembloit ne devoir être entrepris que pour cela.

LE P. KIRCHER.

On peut remarquer dans mon *Itinerarium extaticum*, que l'idée s'en est présentée plus d'une fois à mon esprit; mais j'y ai trouvé tant de difficultés, que je n'ai osé l'adopter. L'oracle actuel des Philosophes vivans, qui parle quelquefois définitivement d'un milliard de mondes habités, après de mûres délibérations, avoue *que les plus grands Philosophes n'en*

Pensées de M. de Voltaire, p. 3, edit. 1765.

le milieu, & le milieu par la fin. Voyez, par exemple, les articles *Marie Stuart*, *Marillac*, &c.

savent pas plus sur cette matière, que les plus ignorans des hommes.

M. HUYGENS.

Pouvez-vous croire bonnement, que tandis qu'une petite planete est habitée, les autres, qui sont d'une grandeur & d'une beauté supérieure, soient désertes, & destinées précisément à rouler inutilement autour du soleil? Que dire des cometes, corps semblables aux planetes, réguliers dans leurs courses, habitables comme elles? Que dire des millions de globes qui tournent autour des étoiles fixes, qui sont autant de soleils (*a*) infiniment plus grands que le nôtre?

(*a*) Nous connoissons si peu les étoiles, qu'à le bien prendre, c'est encore un problême, si elles ont une lumiere propre ou non. On regarde ce point comme démontré; & je m'attens à quelque mauvaise humeur de la part des Lecteurs, pour avoir osé dire qu'il ne l'est pas absolument. En

LE P. KIRCHER.

Tout ce que vous avancez là, est très-incertain, & ne peut servir de preuve à la pluralité des mondes. Vous traitez définitivement la terre de planete, tandis que vous êtes convenu, qu'il n'y auroit jamais rien de certain là-dessus. Vous parlez de la grandeur & de la beauté des globes célestes, comme si vous y aviez demeuré longues années. Cette grandeur est calculée si différemment, qu'on ne

Ci-dessus, p. 139.

---

supposant aux étoiles une réflexibilité très-supérieure à celle des planetes, & quelques-autres choses très possibles, on viendra à bout de répandre des nuages sur un sentiment regardé comme incontestable. Celui dont je parle ici comme n'étant pas encore dépouillé de toute probabilité, a eu de célèbres partisans. Voyez Plutarque *de placitis phil. cap.* 16. Un Physicien moderne s'exprime ainsi : *Stellæ fixæ an proprio lumine fulgeant, non omninò convenit inter philosophos, sunt enim, &c.* Fort. a Brix. tom 3. pag. 494. Ce n'est pas en regardant le contraire comme démontré, qu'on l'a rendu tel.

ſait à quoi s'en tenir (*a*). Quant à la beauté, c'eſt une aſſertion que vous ne ſauriez appuyer de quelque preuve

---

(*a*) Voyez la démonſtration de cet article plus haut, p. 21 & ſuiv. . . On auroit pu groſſir conſidérablement le catalogue des diviſions & contradictions aſtronomiques ſur la grandeur & l'éloignement des étoiles, ſans faire de grandes recherches. On ſait que M. Doz, qui a obſervé en Californie le paſſage de Vénus en 1769, ne s'accorde pas du tout avec M. Pingré, & que celui-ci eſt contredit par M. Rimowski, &c. Et quand toutes les obſervations ſont réunies, on n'en ſait pas d'avantage. L'eſpèce d'uniformité, qui ſe trouve quelquefois dans le réſultat, eſt dûe à des ſuppoſitions, à des conjectures reçues, à des tables, dont on ne peut garantir l'exactitude : *Tabulas eum in finem confectas ſatis accuratas eſſe, quis affirmabit?* Graveſ. Elem. Phyſ. 2632. Les plus applaudies & le plus généralement reçues ne ſont pas pour cela les plus ſûres; celles de la lune, par M. Clairaut, furent admirées par-tout, & ſifflées à Londres. Croire que le préjugé, les intrigues, les factions littéraires ne ſont rien en faveur d'un Aſtronome, & de ſes opérations, comme pour ou contre les autres Savans *, c'eſt ignorer les hommes & la marche des ſciences.

* Voyez le Diſcours de M. Lefranc à l'Académie des Jeux floraux le 6 Janvier 1749.

ſatisfaiſante. Qu'eſt-ce qui fait la beauté & la bonté d'un Pays ? n'eſt-ce pas les plantes, les animaux, les eaux, la température de l'air, la fécondité du ſol, &c ? Or, avez-vous vu tout cela dans Jupiter & dans Vénus ? Ce que vous dites des cometes eſt ſujet à un bon examen. Vos mondes, qui roulent autour des étoiles, ſont une chimere, ou du moins une ſuppoſition ſans preuve. Si j'en ai dit un mot dans mon *Itinerarium extaticum*, je veux qu'on le regarde comme un badinage, ou comme une fiction poëtique, ou, ſi vous voulez, comme une viſion aſtronomique.

M. HUYGENS.

Je ne refuſe pas d'entrer en diſcuſſion avec vous ſur tous ces points. Je ſais que vous avez fait comme moi, & qu'à l'arrivée des Ombres ſavantes, vous avez tâché de ſavoir tout ce qu'on avoit écrit parmi les vivants depuis votre trépas. Quant au mouvement de la terre, & sa qualité de planete, je répète qu'il n'y a pas de démonstration, & qu'il n'y en aura jamais. Mais la grandeur des planetes, & des corps célestes en général, est une chose avouée dans tous les Systêmes. Il est vrai que les calculs en ce point sont différens; mais ils s'accordent tous à constater la grandeur des astres.

LE P. KIRCHER.

J'ai parlé de ce point comme les autres, & ce n'est qu'après bien des réflexions que je suis venu à douter d'une chose, que vous dites être constatée. Vous savez que Tycho fait le soleil 140 fois plus grand que la terre; Cassini augmente ce nombre jusqu'à 1,000,000. Les Tables Astronomiques de l'Académie gravées par Bion s'en tiennent à ce calcul; mais Wolf n'en est pas content du tout, & la terre, selon lui, est 3,511,808 plus petite que le soleil. Si ces Messieurs ont pu s'éloigner si fort de Tycho en augmentant, pourquoi un autre ne s'en éloigneroit-il pas autant en diminuant, & en retranchant de son compte autant que les autres y ont ajouté? Ne seroit-il point aussi fondé à le faire, vu l'incertitude des observations & les contradictions énormes de vos calculs? Quelqu'autre retranchera encore sur celui-là, & le soleil deviendra bien petit. Est-il fort certain que le Créateur, par des réfractions faites dans des milieux que nous ignorons, mais dont nous avons des modèles & des inductions autour de nous (*a*), par des feux brillans & vifs, &c. n'ait pu rendre sensibles à nos yeux des corps assez

(*a*) Nous avons vu le soleil bien diminué sur les montagnes de Pologne, de Suisse, de Transylvanie, d'Italie, &c. Un Voyageur assure que sur le Pic de Ténériffe, il lui a paru comme une étoile de la premiere grandeur.

assez petits & fort éloignés (*a*)? Il est démontré que, si les étoiles étoient des soleils égaux au nôtre, nous n'en verrions que fort peu. Mais, quand je reconnoîtrois la grandeur des corps célestes portée au point que vous souhaitez, je ne vois pas ce qui s'ensuivroit de là en faveur de la pluralité des mondes. Il ne suffit pas qu'un globe soit grand pour être un monde, & pour loger des hommes; il faut encore bien des choses, comme une de nos Ombres l'a remarqué il n'y a pas long-temps.

Ci-dessus, p. 130 & suiv.

Ci-dessus, p. 80.

M. HUYGENS.

Votre observation sur ces calculs me rappelle le sophisme de Berklay, lequel appliqué aux calculs des Astro-

(*a*) C'est sans doute cette considération qui faisoit dire à Epicure que le soleil n'étoit réellement pas plus grand qu'il paroissoit. Le grand respect que les Philosophes d'aujourd'hui ont pour Epicure, doit leur faire adopter une explication sans laquelle leur Héros seroit un vrai extravagant.

nomes, prouveroit que les astres n'ont aucune étendue (*a*). Mais votre pensée est bien plus juste que la sienne. Ce que vous dites des conditions d'un monde habitable, ne souffre aucune réplique : mais nous avons droit de soupçonner que toutes ces conditions se trouvent dans les planetes, comme dans notre terre.

LE P. KIRCHER.

Vous ne parlez que d'un soupçon en faveur des mondes, tandis que les autres crient à la démonstration, & que vous avez vous-même tenu autre-

(*a*) Berklay disoit : « le même corps vu » par un verre, me paroît quatre fois plus » grand qu'à l'œil, & quatre fois plus petit » par un autre verre. Or un corps ne peut » avoir 16, 4, & 1 pied. Ma vue ne m'ap» prend donc rien de l'étendue de ce corps, » & je puis croire qu'il n'a pas d'étendue. » M. de Voltaire a entrepris la réfutation de ce sophisme d'une maniere à faire triompher Berklay. M. Bergier a été plus heureux. Voyez la suite de l'Apol. de la Rel. art. *Corps*.

fois ce langage, puisque vous avez intitulé le quatorzieme Chapitre de votre Traité sur la pluralité des mondes: *Les habitans des planetes doivent avoir des mains pour se servir des instrumens de Mathématique*. Il faut qu'on soit bien sûr de l'existence d'un peuple, quand on décide qu'il se sert d'instrumens de Mathématique (*a*). Du reste on pourroit peut-être vous passer un simple soupçon sur les habitans des planetes, si les observations ne démontroient qu'il n'y en a pas.

M. HUYGENS.

Je ne sais de quelles observations vous parlez. Comme Jupiter, Saturne, & les autres planètes sont fort éloignées de nous, les observations n'ont pu dire grand'chose ni pour ni contre: & il faut avouer de bonne foi, que

(*a*) Aux chapitres XV, XVI, &c. on assure qu'ils font la guerre, qu'ils exercent la navigation, qu'ils sont Musiciens, &c.

les Astronomes sont un peu visionnaires, sur-tout quand ils ont une forte envie de voir certaines choses ; mais la lune est assez proche de nous pour se prêter à des observations plus exactes & mieux vérifiées : on y a remarqué des montagnes (*a*), de grandes plaines, des rivieres, des mers, des forêts, des villes, &c.

LE P. KIRCHER.

Vous voulez donc juger des autres planetes par la lune (*b*). Eh-bien ! je suis content ; & je conclus delà qu'elles ne sont pas habitables, puisque la lune ne l'est pas. La lune prête toujours

(*a*) Képler & Galilée ont mesuré exactement les montagnes de la lune. Les plus hautes, selon eux, ne passent pas 4 milles d'Italie ; Cassini en a vu une de trois lieues de France. Reste à savoir s'ils ont été plus heureux dans la lune que sur la terre. Voyez ci-dessus, *p.* 30.

(*b*) Boscowich *Dissert. de atmosph. lunæ. n.* 1, remarque que la lune doit servir de régle à nos jugemens sur les autres planetes.

une même face à la terre, ce qui donneroit à ses habitans une distribution de nuit & de jour fort incommode. Les prétendus fleuves & les mers, dont vous parlez, sont des enfoncemens & des cavités (*a*), selon Kheil, Amort, Boscowich, & tous ceux qui, depuis quelques années, les ont considérés avec les plus excellens télescopes (*b*). M. de la Hire croit que ce sont des contrées dont le sol est généralement plus noir. Les forêts & les villes, avec les grands chemins qui y abordent,

(*a*) Les inégalités plus ou moins grandes des corps planétaires sont nécessaires à la réflexion de la lumiere en tout sens : s'ils étoient unis & polis, il en seroit comme d'un miroir, qui ne renvoie la lumiere que dans un point.

(*b*) *Si melioris notæ telescopio inspiciantur, innumeris cavitatibus constare deprehenduntur, quod maris superficiei convenire nequit.* Kheil. intr. ad veram ast. lec. 10. *Omnia quæ dicuntur de similitudine macularum lunæ cum mari vel lacu, pueriles nugæ sunt indignæ Astronomis.* Eus. Amort. de mund. Systh. sect. 3. q. 2.

n'ont été vues que par Hartſecker, qui y voyoit bien d'autres choſes encore. L'athmoſphere (*a*) & les nuées (*b*),

(*a*) Selon Riccioli, Amort, de la Hire, l'Académie des Sciences, &c. la lune n'a aucune athmoſphere. Ceux qui lui en attribuent une extrêmement déliée, avouent qu'aucun être connu n'y ſauroit vivre. *Nec aëre, nec athmoſpherâ luna cingitur, qualis tellurem hanc ambit.* Huygens, *Coſmoth.* l. 2, *pag.* 115. Le même Auteur convient qu'il n'y a ni fleuves ni rivieres dans la lune. La comparaiſon tirée de l'Anatomie, dont il fait tant de cas, ſe tourne donc évidemment contre lui-même. L'anatomie d'un corps ſert ſans doute à connoître tous les corps de la même eſpèce; mais l'*anatomie* de la lune, ſi l'on peut parler de la ſorte, démontre qu'elle eſt d'une autre nature que la terre: on ne peut donc pas juger de l'une par l'autre. Il eſt fâcheux qu'un homme auſſi juſtement célèbre que M. de la Lande, ait adopté le même paralogiſme. *Abrégé d'Aſtronomie, n.° 977.*

Voy. les Mémoires de l'Académie 1706, 1720 & 1721.

(*b*) On n'y a jamais remarqué le moindre nuage, quoique toutes ſes plages paroiſſent bien diſtinctement, & qu'on ſe ſerve même de l'ombre de ſes montagnes pour en déterminer la hauteur. *Videremus, nubes nunc has nunc illas lunæ regiones obtegere ac viſui noſtro ſubducere; quod*

ſans leſquelles il ne ſauroit y avoir d'êtres vivans, n'ont été vues de perſonne. Les rivieres, les forêts, les plantes, ne peuvent ſubſiſter ſans pluie.

M. HUYGENS.

L'Egypte ſubſiſte ſans pluie. Un brouillard épais a, ſelon quelques Auteurs, humecté la terre avant le déluge, ſans le ſecours de la pluie. La lune ne ſeroit-elle pas dans le même cas?

LE P. KIRCHER.

L'Egypte a des pluies; mais moins fréquentes que les autres pays. Dans

---

nequaquàm contingit, ſed perpetua apparet ſerenitas. Huygens, L. II, coſmoth. 115. On n'y voit aucune différence de ſaiſons. Une terre verte, doit paroître autrement qu'une terre aride ou couverte de neige. Wolff, qui établit ſes paradoxes en dépit de l'expérience, des obſervations, & de tout ce qu'il y a d'illuſtre entre les Philoſophes modernes, ne mérite pas d'être réfuté. *Pueriles nugæ ſunt, indignæ Aſtronomis.* Amort. *ſuprà*, p. 158.

le Delta, elles sont fort abondantes. — Le Nil, qui rend l'Egypte si féconde, existeroit-il sans les pluies qui tombent en Ethiopie? D'où viennent les autres rivieres & les fontaines en Egypte? (*a*) — Un brouillard est un nuage qui dérobe la vue de l'objet qu'il couvre; on n'en a jamais vu dans la lune.

Quand on passeroit à la lune une athmosphere & des pluies, on seroit encore bien loin de pouvoir lui supposer des habitans: car une chose assez singuliere, c'est que tout nous porte à

(*a*) Le Systême qui fait dériver les fontaines immédiatement de la mer, est aujourd'hui généralement abandonné. La raison qui le renverse absolument, est la salûre de la mer, qui se perdroit ou s'affoibliroit, si elle déposoit sans cesse ses sels dans la terre sans jamais les récupérer. Depuis que le monde existe, la mer a plus d'une fois passé en pluie & en fontaines, & elle est toujours également salée. — La mer elle-même s'évanouiroit, sans les pluies qui lui rendent ce que le soleil lui enlève.

croire que les rayons du ſoleil n'y produiſent aucune chaleur. La liqueur d'un très bon thermomètre, étant expoſée à l'action des rayons lunaires, réunis au foyer d'un grand miroir ardent, n'éprouve aucune variation, pas la moindre chaleur.

M. HUYGENS.

Comme la lune eſt un ſatellite, & qu'elle a un rapport ſenſible à la terre, qui jouit de ſa lumière; ſa deſtination étant remplie par-là, il pourroit ſe faire qu'elle ne fût pas habitée. Mais que penſer de Jupiter, de Saturne, & des autres planetes, qui aſſurément ne ſont pas faites pour la terre?

LE P. KIRCHER.

Nous ſommes convenus que nous jugerions des autres planetes par la lune : il faut tenir parole. Que la lune ſoit un ſatellite ou non, peu importe; elle n'en eſt pas moins un grand globe, & d'une capacité à loger bien du monde. Toutes les planetes sont satellites du soleil ; la terre l'est elle-même selon Copernic : elle est cependant habitée. Nous croirons donc, selon la convention, que Jupiter n'est pas plus habitable que la lune.

M. HUYGENS.

Vous ferez ainsi une *Nouvelle Hollande* de la plus belle & de la plus grande des planetes, qui a une athmosphere, quatre lunes, & à laquelle il ne manque que des hommes, pour être le plus beau des mondes.

LE P. KIRCHER.

1.° Nous avons déja dit un mot de cette grandeur & de cette beauté. Ci-dessus, p. 149.

2.° Vous avouez que l'état de cette planete ne nous est pas assez connu. Ci-dessus, p. 156.

3.° Cette athmosphere est encore un problême. Les trois bandes de Jupiter ne sont pas assurément des nuées, puisqu'elles sont subsistantes. La nature de quelques taches errantes, qu'on dit y avoir vues, nous eſt abſolument inconnue.

4.° Si quatre lunes ſont un agrément, l'éloignement extrême du ſoleil n'en eſt pas un. Les Jovicoles ne voient pas la terre : Mars, Vénus, Mercure ſont perdus pour eux dans les rayons du ſoleil. Les quatre lunes leur dérobent la vue du ciel étoilé.

Œuvres complètes de M. de Buffon, Tome III.

5.° Si on calcule comme un homme qui fait, dit-on, là-haut des computations étonnantes, ſur la froidure & la chaleur, on affirmera que la nature organiſée n'eſt point encore née dans Jupiter, dont la chaleur eſt trop grande encore pour pouvoir en toucher la ſurface, & que ce ne ſera que dans 40,791 ans, que des êtres vivans pourront y ſubſiſter (a). Si au contraire on

(a) Ces calculs ſont peut-être auſſi frivoles que la ſuppoſition qui les a fait éclore; mais n'importe : on ne peut mieux détromper les ſectateurs d'une mauvaiſe philoſophie que par l'autorité des inventeurs.

s'en tient au sentiment ordinaire, le froid de Jupiter est si excessif, à raison de son grand éloignement du soleil, que de tous les êtres connus aucun n'y sauroit vivre. Tandis que les habitans de Venus & de Mercure seroient brulés, ceux de Jupiter & de Saturne seroient glacés. Ils seroient de plus aveugles, selon toute apparence; car il leur faudroit, selon la remarque de Wolff, des yeux énormes, égaux à celui du Cyclope Polypheme, pour recueillir les rayons de lumiere en quantité suffisante (*a*). Toute leur

Argolici clypei aut Phœbeæ lampadis instar. Æn. 3.

(*a*) La quantité de lumiere fournie par le soleil à Jupiter n'est, suivant les Astronomes, que $\frac{1}{28}$ de la lumiere qu'il fournit à la terre, & celle de Saturne $\frac{1}{90}$. Nous ne garantissons pas l'exactitude de ce calcul; nous raisonnons suivant les opinions reçues. Tout ce que M. Ferguson a recueilli dans son imagination, en faveur des effets d'une si petite portion de lumiere, n'empêche pas de conclure, quand même on conviendroit de toutes ses assertions, que Jupiter & Saturne sont un bien lugubre séjour. *Le soleil*, dit M. de Fontenelle, *n'est à l'égard*

ſtructure & leur conſtitution devroit être différente de la nôtre. Leur hauteur, ſelon le même Wolff, ce grand calculateur des ſuppoſitions romaneſques, ſeroit au moins de quatorze pieds.

M. HUYGENS.

Je dois avouer que cette derniere réflexion m'a toujours gêné dans la compoſition de mes mondes. *Dès qu'il eſt certain*, diſois-je, *que ni l'homme, ni aucun être vivant ſur la terre, ne ſauroit vivre dans les globes céleſtes, il ſemble que c'eſt ſans fondement que j'y ſuppoſe des habitans. Le grand argument de l'analogie ne ſubſiſte plus; & dès-lors toutes les conſéquences qu'on en tiroit en faveur de la pluralité des*

---

de Saturne qu'une étoile blanche & pâle qui n'a qu'un éclat & une chaleur bien foible; s'il y a des habitans, ils ſont bien flegmatiques; ils ne ſavent ce que c'eſt que rire; & ils euſſent trouvé Caton trop badin & trop folâtre.

mondes, sont anéanties (*a*). *S'il étoit certain que l'Italie fût inhabitable par les êtres connus, je n'irois point sans preuve en supposer d'autres; je la regarderois comme un désert.* L'obligation de donner une fin à ces globes, me les a fait peupler : je savois que le Créateur ne faisoit rien sans raison. La même réflexion m'a fait peupler les comètes.

LE P. KIRCHER.

La *Nouvelle Hollande*, le *Spitzberg*,

(*a*) Il est évident que l'argument *a pari*, que les Pluralistes font tant valoir, ne peut avoir lieu que dans des choses qui sont de la même nature, & semblables en tout ce qui concerne la fin dont il s'agit. Wolff est porté à supposer des habitans dans le soleil; le Docteur Knight assure les avoir vus, ainsi que les habitans des étoiles fixes. Huygens est plus raisonnable, & fait une remarque par laquelle il réfute lui-même tout ce qu'il a dit des hommes planétaires: *Aliud genus viventium animo concipere, longèque ab omni naturâ eorum, quæ unquàm vidimus, diversum; idem est ac si dicamus, nihil hìc conjectando nos consequi posse.* L. II. Cosmoth. 127.

plusieurs terres Australes, de vastes Contrées en Afrique, en Asie, en Amérique, sont sans habitans. Pourquoi le Créateur les a-t-il produites ? — Quant aux comètes, vous y avez placé sans doute les damnés, puisque dans le périhélie elles sont, selon Newton, je ne sais combien de mille fois plus brûlantes qu'un fer ardent (*a*). Fontenelle

(*a*) Nous citons ici Newton aux Newtoniens; mais nous sommes bien éloignés de nous complaire dans son calcul. Supposons que la comète de 1680 eût été de fer, pourquoi auroit elle acquis à cent cinquante mille lieues du soleil, une chaleur deux ou trois mille fois plus forte que le fer ne peut acquérir dans nos forges ? Les solides comme les fluides, ont chacun leur dernier degré de chaleur qui ne peut augmenter. L'eau bouillante ne peut jamais s'échauffer davantage, l'huile de même, les métaux de même. Le fer, le cuivre qui coulent dans nos forges en fleuves de feu, ne s'embrâsent jamais plus que leur nature ne comporte. Le feu d'une forge est le même que celui du soleil. Cet astre étant plus grand, embrâsera les corps plus vîte; mais il ne les embrâsera pas avec une plus grande intensité que celle qu'ils peuvent souffrir. Indé-

remarque,

remarque, qu'indépendamment d'une si terrible cuisson, les habitans de ces globes sont fort à plaindre. M. de Buffon vient d'écrire que *les comètes ne peuvent guère être habitées que par d'étranges créatures, & que pour trancher court, elles sont inhabitées* (*a*).

Hist. Nat. T. I, p. 171.

M. HUYGENS.

Après tout, les comètes ont une course périodique & régulière, comme

pendamment de cette Observation, on a bien de la peine à se figurer qu'un corps, quel qu'il soit, passant rapidement à cent cinquante mille lieues du soleil puisse l'embrâser deux ou trois mille fois plus que le fer qui est pénétré de feu dans une fournaise, & qui est parvenu à son dernier degré de chaleur. Il semble que Newton eût pu réserver cette aventure de l'inflammation pour son *Commentaire de l'Apocalypse*.

(*a*) Williamson, Astronome Américain, prétend réfuter toutes ces Observations par la queue des comètes, qui tantôt courte, tantôt longue, en fait, selon lui, un séjour délicieux & d'une température admirable. On voit que l'Astronomie Américaine est pour le moins aussi riche en ressources que celle d'Europe.

les planètes ; & cette considération a dû naturellement leur faire supposer des habitans.

LE P. KIRCHER.

1.° J'ai montré que la régularité périodique des globes célestes ne suffit pas pour les rendre habitables, puisque la lune & les autres planètes ne le sont pas.

2.° Je viens d'observer que la marche des comètes, quelle qu'elle soit, leur fait éprouver une température destructive de tout être vivant.

3.° La régularité de leur course, malgré toutes les décisions de Wisthon & de ses admirateurs, n'est pas encore démontrée. On a souvent annoncé le retour des comètes qui n'ont pas reparu. Jacques Bernoulli prédit le retour de celle de 1680 pour le 17 Mars 1719. *Aucun Astronome*, dit M. de Voltaire, *ne se coucha cette nuit-là ; mais la comète ne parut pas.* Une comète devoit causer un déluge en en 1524 : une autre devoit embrâser la terre de sa queue en 1756. Le fameux Clairaut s'est encore trompé sur celle de 1759. Hallai a paru l'avoir prédite, tandis que d'autres l'avoient annoncée pour 1757, & d'autres pour 1758 ; lui-même n'a osé déterminer l'année ; il a mis l'alternative, 1758 ou 1759. Quand plusieurs hommes devinent contradictoirement, quelqu'un dit juste, & l'on ne doit pas en être surpris. Mais cette fameuse comète, étoit-ce la même qui avoit paru en 1682 ? On a remarqué une grande différence dans leur grandeur, leur éclat, la direction de leur route ; on a douté avec raison si c'étoit effectivement la même (*a*). Celle de 1680 a paru à Cassini être celle que Tycho

(*a*) C'est cependant la seule qu'on cite avec quelque apparence de raison en faveur du cours régulier. En 1773, M. de la Lande n'en connoissoit point encore d'autre qui pût faire preuve, puisque c'est la seule qu'il opposoit à ses Adversaires.

avoit vue en 1577 ; il ſe trompe évidemment ; car l'une de ces comètes étoit réellement directe, & l'autre, réellement rétrograde.... Les Savans ne peuvent ignorer, combien les ſyſtêmes ſur la marche des comètes ſont encore aujourd'hui oppoſés les uns aux autres, parmi ceux même qui défendent leur cours périodique & régulier. Caſſini a fortement attaqué la doctrine Newtonienne ſur cette matiere ; & les Newtoniens ſe ſont eux-mêmes écartés de la doctrine de leur maître, en faiſant venir juſqu'à nous des comètes appartenantes aux prétendus ſoleils des autres mondes, tandis que Newton les adjuge toutes au ſoleil de notre tourbillon. Le moyen de concevoir après cela que tout eſt géométriquement démontré dans le cours des comètes?

M. HUYGENS.

Si les comètes n'étoient pas ſoumiſes

aux règles des calculs, comment se seroit-on effrayé tout récemment de l'annonce qui avoit été faite d'un de ces redoutables astres, qui, par leur seule queue, peuvent embrâser ou submerger la terre? Vous avez appris, sans doute, que le 15 Mai 1773, toute la ville de Paris attendoit sa derniere heure:

LE P. KIRCHER.

Nouvelle preuve contre la régularité des comètes; puisque celle-ci, qui avoit été si précisément annoncée & attendue avec tant d'angoisse, n'a pas paru. On a vu à cette occasion trois Astronomes célèbres disputer sur la possibilité de voir une comète toucher à la terre; & cette dispute prouve encore que leur marche n'est pas connue. M. de la Lande est, dit-on, persuadé que les comètes viendroient un jour heurter la terre, si différentes causes n'éloignoient ces globes dévastateurs (*a*).

(*a*) *Mémoire présenté au Roi* en 1773.

M. Dionis du Séjour, au contraire, prétend que par les loix de leurs orbites, les comètes resteront toujours éloignées de nous, & qu'elles ne peuvent en approcher d'une manière nuisible qu'en vertu de différentes altérations, hasards, combinaisons étrangeres, qui, selon toutes les apparences, n'auront pas lieu (*a*). Enfin M. de la Perriere de Roueffé assure que ces fâcheuses rencontres sont absolument impossibles (*b*). Un Poëte ingénieux & badin a, dit-on, assez bien ridiculisé les funèbres prédictions fondées sur la théorie des comètes (*c*).

Abrégé d'Astronomie. Paris, 1774. — Cours d'Astronomie, &c.

(*a*) *Essai sur les Comètes*, &c. *Paris, 1775.*

(*b*) *Moyens infaillible de calmer nos Fraïeurs sur la fin du monde qu'on avoit prédite suivant le Systême elliptique des comètes. Paris. 1773.*

Épître aux Comètes, par M. Dorat.

(*c*) En traçant votre Itinéraire,
Tous les radoteurs calculans,
Et tous les aveugles lorgnans,
Épars sur notre Fourmiliere,

M. HUYGENS.

Vous prenez donc encore les comètes pour des exhalaisons, suivant la doctrine des Anciens (*a*), ou pour des avant-coureurs de la colere du ciel (*b*)?

Souvent, par bonheur pour la terre,
Se trompent de quelques mille ans.
Cette erreur, quoique très-légere,
Rend un peu de calme à nos sens;
Elle rassure nos enfans,
Nos esprits forts, nos femmelettes;
Fait qu'on ne croit plus aux lorgnettes,
A l'Astrolabe des Savans;
Que l'on rit au nez des Prophètes,
Que l'on danse au bruit des volcans,
Et qu'on se bat l'œil des Comètes.

(*a*) Si les Anciens ont entendu des exhalaisons devenues opaques, & transformées en corps solides; *Corpora solis & planetarum exhalationibus generata*; ils ont pensé comme les plus modernes. Wolff, *Comp. Elem. mathes. t. 2. 141, obs. 36. Schol.* 2. Hevelius, Argolus, Képler, Bacon, Galilée, de la Hire, &c. sont de ce sentiment.

(*b*) Nous ne prétendons pas justifier les idées des Anciens sur cette matiere. Voici néanmoins un mot du P. Petau sur les éclipses, qu'on pourroit appliquer aux comètes, quand même leur régularité seroit plus cer-

LE P. KIRCHER.

Splendidum enigma a Deo propositum, nunquàm solvendum.

Riccioli, Almal. l. 8.

Les comètes sont encore une énigme pour ceux qui ont bien pesé les choses. Je ne dirai pas que ce sont des exhalaisons, ni des messagers célestes; mais je doute de la régularité de leur course, & j'ai fait voir que ce qu'on en dit, n'est pas aussi certain qu'on le croit communément. Il suffit qu'elles ne soient pas habitables, comme je l'ai démontré. Si vous demandez leur destination aux Newtoniens, ils vous diront qu'elles sont destinées à être dévorées par le soleil, & à réparer les pertes que cet astre fait en échauffant

---

taine qu'elle ne l'est : *Sed nec absurdum existimem, insignes potissimùm solis eclipses ita dispositas a Deo, ac suis spatiis definitas, ut in ea temporum momenta caderent, quibus illustrium eventuum indicia dare possent.* De Theol. Dogm. t. 3. opif. 6. dier. *de angelis*, l. 1. c. 10, n. 6. On réussiroit peut-être à détruire cette pensée par l'histoire; mais nullement par la marche réguliere des astres qu'elle suppose.

& en éclairant le monde par une émanation continuelle de ses feux (*a*) ; ils racontent merveille de plusieurs comètes, qui ont servi ou qui serviront bientôt de dîner au soleil (*b*). Les

---

(*a*) Il est très-douteux si les chaleurs & la lumiere sont des émanations du soleil, & si elles n'existent pas dans notre athmosphère où le soleil les met en action; car à quoi attribuer, dans le sentiment des Newtoniens, le grand froid des hautes montagnes? Mais accordons la supposition; sera-t-il bien vrai que les comètes sont nécessaires à l'entretien du soleil? Plusieurs Newtoniens ont calculé que dans 456,000,000,000 ans, le soleil ne devoit perdre qu'un pieds, deux pouces, quatre lignes de son diamètre; d'autres ont diminué, augmenté, distribué ces calculs comme ils ont jugé à propos: de sorte que le monde semble pouvoir être fort tranquille sur la provision de lumiere & de chaleur.

(*b*) C'est sur-tout lorsque le soleil n'a point de tache, que les Newtoniens supposent une pressante nécessité de le ravitailler par quelque comète. En 1765, j'observai avec plusieurs Newtoniens, le disque du soleil sur l'observatoire de Tyrnau; comme nous le trouvâmes très-net, ces Messieurs m'assurerent que bientôt quelque comète lui serviroit de pâture : cependant depuis

queues des comètes, selon les mêmes Philosophes, entretiennent la mer, qui, sans ce secours, seroit enfin desséchée (*a*).

M. HUYGENS.

Je vois que cette destination n'est pas tout-à-fait de votre goût; & j'aurois aussi-bien de la peine à me déclarer en sa faveur. Mais puisque vous ne voulez reconnoître d'habitans dans aucun globe céleste, quelle intention attribuez-vous au grand Maître qui les a créés? Est-il à croire qu'en produisant

---

ce temps le soleil n'a pas encore joui de cette substantieuse réfection, & il se porte à l'ordinaire.

(*a*) La mer, généralement parlant, se trouve encore aujourd'hui où elle étoit il y a trois mille ans, sans qu'aucune comète en ait approché. Marseille, Alexandrie, Cadix, Byzance, &c. sont encore des ports. Si quelques Villes sont moins proche de la terre, le sable accumulé les en a séparées, & la mer a fait payer sa retraite à d'autres plages qu'elle a inondées. Il paroît donc que la mer aussi-bien que le soleil renonce à toute prétention sur les comètes.

tant de merveilles, il se soit occupé de la désolante résolution de ne former qu'un vaste désert?

LE P. KIRCHER.

Eh! pourquoi trouvez-vous cette résolution si désolante? Quelle consolation vous promettez-vous de la part des indigenes des comètes ou des planètes? Je ne vois pas que ce soit que chose fort triste de croire, qu'au-lieu de porter des scélérats ou des malheureux, comme notre terre, dégradée par le péché de son premier habitant, ces beaux astres roulent dans un vaste & paisible silence. Ils n'offrent aux rayons du soleil aucun infortuné qui cherche à s'y dérober : aucun cri plaintif ne s'élève de leur surface ; & la majesté tranquille d'une lumiere solitaire, forme un spectacle plus touchant que le régne bruyant des passions qui souillent & ravagent la demeure des hommes. — Quant à ce que vous me dites, touchant la destination de ces globes, & les vues du Créateur en les produisant ; c'est de quoi j'aurai le plaisir de vous entretenir une autre fois.

CINQUIEME ENTRETIEN.

Suite de la Dissertation sur la pluralité des Mondes.

LE P. KIRCHER.

VOUS AVEZ DEMANDÉ, Monsieur, quelle destination je donnois aux corps célestes. Quand je n'aurois rien à vous dire là-dessus, il ne s'ensuivroit rien en faveur de la pluralité des mondes; c'est fort mal raisonner que de dire: *J'ignore la fin d'une telle chose, donc elle a une telle fin.* Il y a même contradiction dans les termes. On raisonneroit également mal en disant : *Telle chose ne me paroît bonne à rien, donc elle est bonne à loger des hommes* (a). Il

(a) Huygens, chap. 8, avoue que *la seule raison qui l'oblige de croire qu'il y a dans les planetes un animal raisonnable, c'est*

y a mille choses au monde dont nous ignorons l'utilité & la nécessité. Nous apprenons tous les jours l'usage & l'importance de certains êtres que nous avions méprisés. Souvent ce que nous regardions comme un hors-d'œuvre, est trouvé être un des premiers liens de l'univers.

M. HUYGENS.

Rien de plus juste, de plus universellement avoué des Philosophes, de mieux prouvé par l'expérience. Mais je soupçonne que vous avez fait des réflexions particulieres sur la fin & l'usage des astres; j'aimerois que vous m'en fissiez part.

---

que sans cela notre terre auroit de trop grands avantages, & seroit trop élevée en dignité sur le reste des planetes. C'est comme si je prétendois que les Hurons ont autant d'humanité & de savoir que les François, de peur que ceux-ci n'eussent quelque avantage sur ceux-là.

LE P. KIRCHER.

Vous avez enseigné vous-même (*a*), que Dieu pouvoit pour sa gloire, & pour goûter la fécondité de sa sagesse & de sa puissance, faire de grands & de beaux ouvrages, sans aucun rapport à l'homme, ni à aucune créature raisonnable. S. Augustin, saint Thomas; Petau; Leibnitz, &c. ont pensé comme vous. Avant la création de l'homme, Dieu se plaisoit dans ses ouvrages: *Vidit Deus lucem, quòd esset bona.* Gen. 1, 3. *Vidit Deus, quòd esset bonnum.* ℣. 10, 12, 18, 21, 25. *Vidit Deus cuncta quæ fecerat, & erant valdè bona*, 31. Cette répétition est remar-

Universa propter semetipsum operatus est Dominus. Prov. 16, 4. *Lætabitur Dominus in operibus suis.* Ps. 103.

(*a*) *Dieu est lui-même le spectateur des ouvrages qu'il a créés. Et qui peut douter que celui qui a fait les yeux, ne voie fort clair, & qu'il y prend plaisir? Qu'on ne demande rien de plus. N'est-ce pas pour cela qu'il a créé les hommes, & tout ce qui est contenu dans l'Univers?* Huyg. plural. des mond. ch. 8.

quable. Les créatures irraiſonnables rendent à Dieu un hommage, que ſa ſageſſe ne méconnoît pas: *Benedicite ſtellæ cœli Domino.... Benedicite volucres cœli Domino..... omnia animantia.... montes & colles.* Dan. 3.

M. HUYGENS.

Vous croyez donc que les aſtres n'ont aucun rapport à l'homme?.... C'eſt là effectivement le ſentiment de la plupart des Philoſophes modernes.

LE P. KIRCHER.

Quand je le croirois, il n'y auroit de votre aveu rien là dont ont pût inférer qu'il y a des habitans dans les planètes. Mais je penſe tout le contraire: je crois & j'ai enſeigné autrefois, que l'univers ne pouvoit ſubſiſter d'un moment, ſi une ſeule planète venoit à ſe perdre. Dans le ſentiment des Newtoniens, qui fait dépendre le monde d'un équilibre parfait, entre-

Tolle unum: mundum in ruinam duxeris. Itin. extat. c. 8.

tenu par des attractions mesurées, & compensées avec une justesse admirable, vous n'aurez aucune peine de convenir de ce que j'avance ici. Un de leurs Héros a écrit depuis peu: « Tant » que le mouvement des planetes & » des comètes qui pesent sur le soleil » en circulant autour de lui, dureront, » il brillera & remplira de sa splendeur » toutes les sphères du monde... Cette » source féconde de lumiere & de vie » ne tarira, ne s'épuisera jamais, parce » que dans un Systême où tout s'attire, » rien ne peut se perdre ni s'éloigner sans » retour..... C'est du sein même du » mouvement que naît l'équilibre des » mondes & le repos de l'Univers... » Ces secousses de la Nature, dont le » moindre effet seroit la catastrophe du » monde, l'absence de la lune, la pré- » sence d'une nouvelle planete, &c. » Mais indépendamment du Newtonianisme, j'ai toujours regardé le monde comme un corps, qui ne pouvoit sub-

Histoire Naturelle de M. de Buffon, T. XII, p. VI & VII.

T. XII, pag. V.

T. I, p. 98.

ſiſter ſans toutes ſes parties. On l'a regardé comme tel dans tous les temps. L'Antiquité diſoit que l'aſſemblage des globes céleſtes étoit un tout auſſi lié, auſſi ſimple, auſſi indiviſible dans le deſſein du Créateur que les parties du corps de l'homme (*a*). Un ignorant ne connoît pas la fin de toutes les roues & des poids d'une horloge; l'horloge peut-elle ſubſiſter ſans la collection la plus entiere, l'arrangement le plus juſte de ſes parties? Que les planetes, comme autant de roues ou de poids de la machine du monde, ſoient plus petites ou plus grandes que la terre, à laquelle elles ſont peut-être rapportées; peu importe: les roues & & les poids d'une horloge ſont plus

(*a*) *Cœlum ac terram campoſque liquentes,*
Lucentemque globum lunæ, titaniaque aſtra,
Spiritus intùs alit; magnoſque infuſa per artus,
Mens agitat molem, & magno ſe corpore miſcet. Æn. 6.

considérables que le ſtyle, dont la direction eſt le but de toute la machine; l'horloge n'en eſt pas moins un ouvrage plein d'induſtrie & de génie.

Voyez plus haut, p. 124.

Mais il y a quelque choſe de plus; & quand je réfléchis attentivement ſur la matiere que nous traitons, bien loin d'être embarraſſé de la deſtination des aſtres, j'admire la ſageſſe du Créateur, qui les a fait ſervir à tant d'uſages à-la-fois. Les planetes, de concert avec les étoiles, ne ſont-elles pas la meſure du temps? La navigation pourroit-elle ſubſiſter ſans les étoiles? quelle obligation n'a-t-elle pas à la ſeule étoile polaire? Sans les rapports de la terre avec les aſtres, la Géographie ſeroit anéantie; la terre ne ſeroit qu'une grande plage, entrecoupée & diviſée par des montagnes, des vallées & des rivieres: c'eſt tout ce qu'on en ſauroit. Il n'y a pas juſqu'aux Satellites de Jupiter, qui ne ſervent à détermi-

Ut ſint in ſigna & tempora & dies & annos. Gen. 1.

Omnia aſtra cœli... quæ creavit Dominus Deus tuus in miniſterium cunctis gentibus, quæ ſub cælo ſunt. Deut. 4.

ner les longitudes. Je ne vous dirai rien des influences qu'on a rejettées depuis quelque temps, & qu'on travaille maintenant à ressusciter (a).

(a) Les Newtoniens semblent avoir beaucoup d'inclination pour les influences. Qu'est-ce que leur attraction, sinon une influence ? La lumiere vient des étoiles jusqu'à nous, c'est une influence. Oserons-nous assurer qu'il n'y en a pas d'une autre espèce; que toute autre émanation des globes célestes est impossible? M. de la Q. dit, qu'*on ne seme pas dans la lune, mais dans la terre*. Ce bon mot ne dit rien. On ne seme pas dans le soleil; le soleil n'influe-t-il pas sur les semences? Voyez les influences expliquées & reconnues réelles dans le Dictionnaire Encyclopédique, Art. *Astrologie*. M. de la Lande convient qu'on ne peut, sans témérité, les révoquer en doute. « Il paroît que les attractions qui soulevent deux fois le jour les eaux de l'Océan » peuvent bien influer sur l'état de l'athmosphere. Je voudrois que les Médecins » consultassent au moins l'expérience à cet » égard, & qu'ils examinassent si les crises » & les paroxismes des maladies n'ont pas » quelque correspondance avec les situations » de la lune par rapport à l'équateur, aux » syzygées & aux apsydes. Plusieurs Médecins habiles m'en ont paru persuadés, &

Mais je ne puis taire l'impression que le Ciel paré de ses planetes & de ses étoiles, fait sur l'homme dont l'esprit est droit & le cœur pur. Un Astronome célèbre ne le regardoit jamais sans le saluer avec respect, en l'appellant, dans une admiration ravissante, *la Cité du grand Roi**. Fontenelle a raison de douter, si la plus belle journée ne doit point céder à une nuit sereine le prix de la beauté. *J'ai vu,* dit Maupertuis, *de ces nuits plus belles que les jours, qui faisoient oublier la douceur de l'aurore & l'éclat du midi.*

* *Civitas Regis magni.* Ps. 47.

» c'étoit pour les engager à s'en occuper » que je donnai pendant quelques années, » dans la *Gazette de Médecine,* le détail » des circonstances astronomiques dont on » doit tenir compte. » *Abrégé d'Astronomie, à Paris, 1774.* On a vu & l'on voit encore des Astronomes prédire avec tant d'exactitude & de précision la température de l'air & l'état des saisons, qu'on semble être en droit de supposer une action très-réelle & très-forte des planetes sur l'athmosphere, & dès-lors sur la superficie, peut-être même sur l'intérieur de la terre.

M. HUYGENS.

Il y a une infinité d'étoiles qu'on ne voit pas, même par le télescope; & qui ne contribuent en rien à la beauté du Ciel.

LE P. KIRCHER.

Voyez le *Catéchisme Philosophique*, l. 1, ch. 2, art. 8, paragr. 2.

* Bonnet, contemp. de la Nat.

1.° Les êtres que nous ne voyons pas, sont des liens de l'univers aussi-bien que ceux que nous voyons. Selon la remarque d'un Physicien célèbre*, Sirius tient au polype qui est au fond de la mer. J'ai écrit autrefois la même chose avec plus d'étendue, & peut-être avec plus de clarté (*a*). Indépen-

(*a*) *Tametsi nonnulla mundi corpora adeò remota sint, ut tellus, sol, luna, cæterique Planetæ eorum respectu in nihilum abeant; est tamen summus quidam admirandusque inter ea nexus, ut suprema omnium & remotissima corpora primò in sibi subdita influant; hæc influxu superiorum facta, tùm propriam tùm a superioribus inditam fœturam cum fœnore inferioribus iisque vicinis globis impendant. Hoc pacto a supremo ad media, a mediis in infima mundi confinia, virtus*

damment de ce que nous avons dit de l'équilibre, de la dépendance mutuelle & des loix de l'ensemble, on peut observer ici que des Physiciens très-modernes ont cherché dans les étoiles fixes un supplément de chaleur & de lumiere au soleil, épuisé, selon eux, par des émanations continuelles. Dans ce systême, les étoiles que nous voyons, pour ne pas s'épuiser elles-mêmes en faveur du soleil, sont nourries par celles que nous ne voyons pas.

2.° Quoique l'homme ne voie pas ces étoiles, la connoissance qu'il a de

---

tùm omnium, tùm singulorum admirandâ quâdam connexione propagatur; ut tametsi terra nihil sit respectu remotissimorum mundi corporum, virtutem tamen eorum mirâ quâdam concatenatione sentiat per intermedios sensibilesque mundi globos deductam propagatamque. Itin. extat. dial. 2, cap. 2. *Incomprehensibili divinæ sapientiæ ordinatione factum est, ut nullum quantumvis exile corpusculum sit, quod non in totius universi unitatem confluat, atque in universam mundi conservationem conspiret.* Ibid. Dial. 1, cap. 2.

leur existence & de leur nombre; qu'il peut croire être de plusieurs millions, le porte également à louer & à adorer l'Auteur d'un ouvrage si magnifique & si étendu (*a*).

Cùm me laudarent simul astra matutina, & jubilarent omnes filii Dei Job. 38.

3.° Les intelligences célestes les voient. Les hommes vertueux les verront après la consommation des siècles (*b*).

M. HUYGENS.

Vous pensez donc que la vue & la jouissance de ces grands objets sont réservés aux serviteurs de Dieu; & qu'après

(*a*) *Qui facit Arcturum, & Oriona, & Hyadas & interiora austri* . . . . *& mirabilia quorum non est numerus*. Job. 9.

(*b*) C'est la pensée de S. Jerôme, qu'ils les voient, & qu'ils en jouissent dès-à-présent. *Tu Apostolis vincula injicies?* . . . *Si Agnus est ubique, ergo & hi qui cum Agno sunt. Et cùm diabolus & dæmones toto vagentur orbe, & celeritate nimiâ ubique præsentes sint: martyres arcâ operientur inclusi, & indè exire non poterunt?* L. 3. Ep. 13.

qu'après le renouvellement de la terre par le feu (*a*), l'univers deviendra leur possession ?

LE P. KIRCHER.

Je le pense assurément. Outre la jouissance de Dieu, qui fait essentiellement la félicité de ses amis, il leur accordera la vue & le domaine de toutes les créatures (*b*).

(*a*) L'embrasement futur du monde n'est point une idée populaire : les Livres Saints l'annoncent expressément. 2, *Pet.* 3. Toute l'Antiquité en a été persuadée, sans doute par l'effet d'une tradition conservée depuis les premiers hommes.

Esse quoque in fatis reminiscitur, affore tempus,
Quo mare, quo tellus, correptaque regia cœli
Ardeat, & mundi moles operosa laboret.

L. I, Metam.

(*a*) *Ecce enim ego creo cœlos novos & terram novam. Gaudebitis & exultabitis usque in sempiternum in his quæ ego creo.* Isai. 65. *Regnabimus super terram.* Apoc. 5. *Quoniam videbo cœlos tuos, opera digitorum tuorum : lunam & stellas quæ tu fundasti.* Psal. 8.

M. HUYGENS.

Ce ſentiment n'a rien qui me déplaiſe ; il ne peut manquer d'être adopté de ceux qui s'intéreſſent au grand & magnifique ſpectacle de la Nature (*a*); pluſieurs Philoſophes anciens & modernes ont paru en être perſuadés. L'Auteur de la *Phyſique Sacrée*, Mullerus, *diſp. de Galaxiâ*, &c. ſont de ce nombre. La muſique que Pythagore fait faire aux ſphères céleſtes, eſt une expreſſion allégorique du plaiſir que les intelligences ont de les voir. Cicéron s'eſt plu à commenter l'idée de Pythagore dans le

(*a*) « Les raiſons & la ſtructure de ces » merveilleux ouvrages qui ont occupé le » Créateur, feront bien dignes de nous occu» per nous-mêmes dans cette vie, vers la» quelle nous tendons tous avec tant d'ar» deur. » *Spect. de la Nat. T. IV, p.* 24. Ces ſortes de connoiſſances élevant néceſſairement l'ame vers Dieu, paroiſſent devoir être le partage des hommes deſtinés à le bénir dans tous les ſiécles.

Somn. Scip. cap. 4. Platon croyoit que les ames contemploient au milieu des astres, dont elles suivoient le cours, le Dieu du ciel, les idées ou archetypes des êtres créés, & enfin tout ce qui est intelligible. *In Phedon. & Tim.*

LE P. KIRCHER.

Non-seulement ce sentiment n'est pas nouveau; mais il est encore très-conforme à la raison & aux saintes Ecritures. La grandeur & la multitude des astres, les planètes même & les comètes des étoiles fixes, si vous vous opiniâtrez à leur en donner, bien-loin de lui faire du tort, sont une espèce de preuve en sa faveur.

M. HUYGENS.

Vous avez apporté bien des raisons contre la pluralité des mondes. Mais n'auriez-vous pas dissimulé celle qui vous affecte peut-être le plus; savoir, que la Religion ne s'accommode guère de ce systême? ... J'ai vu des Théologiens y opposer cent passages de l'Ecriture qui ne concluoient pas. Par exemple : *Omnes homines de solo & de terrâ, unde creatus est Adam.* Eccli. 33.

LE P. KIRCHER.

Ces passages ne concluent pas, parce qu'on ne les laisse pas conclure. A force de distinguer à la maniere des Philosophes Arabes : *In hoc mundo, concedo ; in aliis, nego* ; on élude la force de ces autorités. Mais cela n'empêche pas que des hommes sages n'aient regardé cette opinion comme peu orthodoxe. Le mystere de l'Incarnation, & en général l'idée que l'Ecriture & la Foi nous donnent de la création du monde, de la Providence, &c. supposent un seul Monde habité par des créatures raisonnables. Non, certainement, il n'est pas difficile à un esprit droit, à une ame saine,

Neque enim est aliud nomen sub cælo datum hominibus, in

d'appercevoir dans toutes les parties de l'ouvrage de Dieu, un but simple & général, & dans l'histoire de la création, rapportée dans la Genèse, l'unité d'un même dessein (*a*)... Un

quo oportcat nos salvos fieri. Act. 4.

(*a*) La Genèse, où la création commence par la terre, & semble tout rapporter à cette première production, éloigne toute idée d'un autre monde. Les Sectateurs de cette opinion frivole soutiennent presque tous la préexistence des autres mondes, & donnent à la Genèse les explications les plus ridicules. Un Philosophe Allemand a introduit une destruction & une création continuelle de mondes, qui naissent & qui périssent journalièrement comme des mites. On voit clairement qu'il veut établir le matérialisme & le fatalisme le plus monstrueux. *Les étoiles qui disparoissent quelquefois dans le ciel, sont des soleils qui perdent leur lumiere. Les habitans de leurs planetes sont alors fort à plaindre; & si leur soleil s'éteint entièrement, il doivent nécessairement périr avec les globes qu'ils habitent. Mais quand quelques mondes périssent, il en vient d'autres là où on apperçoit de nouvelles étoiles. Quand ces étoiles sont de peu de durée, comme celle que Tycho a vue dans la Cassiopée, il est apparent que leurs mondes ne subsistent pas*

ſavant Théologien, conſulté un jour ſur la pluralité des Mondes, répondit par ces paroles du Symbole de Nicée : *Qui propter nos homines & propter noſtram ſalutem deſcendit de cœlis.* Je ſais ce qu'on répond à tout cela : mais je n'aime pas à diſputer avec des gens qui cherchent viſiblement à s'envelopper dans des réponſes mille fois rebattues, plutôt que de ſe rendre à des réflexions ſimples, qui me paroiſſent convaincantes.

Si quis autem videtur contentioſus, eſſe : nos talem conſuetudinem non habemus. I. Cor. II.

M. HUYGENS.

Des Ecrivains très-zélés pour la Religion, comme Mallebranche, Pluche, l'Auteur du Poëme ſur les *Grandeurs de Dieu*, &c. n'ont pas penſé comme vous. Ils ont cru que la grandeur de

---

long-temps. Gottſched, Phil. T. I. 348. Les Thalmudiſtes, qui ont fait faire & défaire mille mondes à Dieu par maniere d'épreuve, ont moins extravagué.

Dieu éclatoit mieux dans une infinité de Mondes que dans un seul (*a*).

LE P. KIRCHER.

La grandeur de Dieu pourroit éclater dans mille & mille ouvrages qu'il n'a pas faits : & il paroît que la pluralité des Mondes est de ce nombre. Quant aux Auteurs dont vous me parlez, je n'ose pas vous dire qu'ils n'ont pas assez

(*a*) Ceux qui veulent allier la pluralité des mondes avec la saine philosophie, peuvent voir *le Spectacle de la Nature, T. IV, p.* 496 ; mais il est difficile d'acquiescer entièrement aux efforts que l'Auteur fait pour autoriser cette alliance. — Mallebranche trouve que l'idée d'une infinité de Mondes doit réjouir beaucoup, parce que par ce moyen on fait partie de l'infini. Rien de plus alambiqué, de plus puéril, de plus faux que cette pensée. *Nubes & inania captat.* — M. de la Lande appelle *Ecrivains aussi timides que religieux* ceux qui rejettent la multitude des mondes. La *timidité* qu'inspire la *Religion* bien entendue, est pleine de raison, de sagesse & de prudence. C'est le cas de dire avec Cicéron : *Malo videri nimis timidus quàm parùm prudens.*

réfléchi ſur toutes les conſéquences de ce ſyſtême, & ſur l'effet qu'il peut avoir ſur les eſprits; je dirai ſeulement que d'autres Ecrivains ont penſé différemment. L'Auteur de la *ſeule Religion véritable*, appelle ce ſentiment *une impiété*. De ſavans Critiques ont cru qu'*on ne regarderoit pas comme bien orthodoxe*, quiconque le ſoutiendroit ſérieuſement. Un Philoſophe judicieux, & un des meilleurs qui ait écrit dans ces derniers temps pour les Écoles où l'enſeignement ſe fait en latin, croit que la Religion & la Philoſophie s'y oppoſent également. Le Poëte Dulard, que vous citez, convient que la pluralité de Mondes n'eſt qu'une hypothèſe probable, qui eſt rejettée de pluſieurs Auteurs *par des raiſons infiniment reſpectables*. Pluche obſerve que *le faux Philoſophe en multipliant les mondes, s'imagine pouvoir ſe perdre dans la foule, ſe dérober à la Providence de Dieu, & ſe décharger du fardeau de la*

P. 40, Edition de 1754.

Mém. de Trévoux, 1708. Janvier, pag. 142.

Hæc opinio neque digna Philoſopho eſt... Neque a viro catholico propugnari poteſt. Fort. à Brix. Phy. part. 1, pag. 299, aliâ ed. 359.

reconnoiſſance..... Quant à moi, je changerois aiſément d'opinion dans d'autres affaires de philoſophie : mais je regarderai toujours l'unité du monde comme une vérité conſtante ; je dirai toujours que la pluralité des Mondes eſt une opinion très-vaine & très-téméraire, non-ſeulement parce que les raiſons phyſiques & aſtronomiques dont elle s'étaie, ſe démentent à l'examen, comme je l'ai fait voir ; mais encore pour des raiſons qui établiſſent poſitivement & directement une perſuaſion toute contraire. Toutes les idées de la Religion s'accordent à iſoler le Monde. *Cœlum cœli Domino, terram autem dedit filiis hominum.* Pſal. 113.

DISSERTATION
THÉOLOGIQUE
ET
PHILOSOPHIQUE

Sur les Tremblemens de Terre, les Épidémies, les Orages, les Inondations, &c.

Non hæc ſine numine Divûm
Eveniunt. 2. Æneid.

LE CHRÉTIEN instruit dans sa foi, le Naturaliste attaché aux vrais principes, ne trouveront dans cette Dissertation rien qui leur paroisse digne d'une attention nouvelle; ils savent que l'Univers contenu & arrangé dans la main de Dieu reçoit, suivant des loix générales ou particulieres, l'impulsion que lui donne son Auteur; que la Nature entiere sert d'instrument à sa colere comme à sa bienfaisance, & que rien n'est tellement inévitable dans l'ordre physique, qu'il ne dépende toujours de la volonté actuelle & directe du grand Maître qui a établi l'ordre général du Monde, qui donne à la marche de l'Univers une activité nouvelle & qui y déroge, quand il lui plaît. Mais des notions si saines ont paru s'affoiblir & s'altérer dans ces derniers temps. Les vérités les plus simples se prescrivent par la vogue des opinions contraires. Si l'erreur sait se revêtir d'un jargon scientifique & attacher à sa défense quelqu'homme de génie, elle devient un préjugé dominant, & prend une supériorité si marquée sur les idées les plus générales & les plus incontestables, que les meilleurs esprits ne résistent plus à la séduction, & rougissent enfin de penser sagement. On a vu des Philosophes insulter à la piété des Chrétiens qui, effrayés des dégâts des phénomènes naturels, réclament la puiſſance de l'Auteur de la Nature, & croient découvrir dans des événemens tragiques l'expreſſion de ſon courroux ; on a vu même dans le temps que j'écrivois ces réflexions (1759) le zèle des Miniſtres de la Religion combattu & enchaîné par des ordres ſupérieurs *, & les Peuples avertis de la néceſſité & de l'infaillibilité des paroxiſmes de la terre, dont ils ſuppoſoient le principe, & dont ils cherchoient le remède dans la volonté ſouveraine du Créateur. *Ces événemens ſont naturels*, leur diſoit-on, *il ne faut donc pas les attribuer à des vues particulieres de Dieu*,

* En Portugal, ſous le Miniſtère de M. Carvalho, depuis Marquis de Pompal, diſgracié & exilé en 1777.

ni les combattre par des moyens religieux. Pour réfuter cette doctrine, dont l'illusion est aussi aisée à découvrir que les conséquences en sont graves, j'ai rassemblé des notions très-ordinaires & très-communes, & les ai réduites en Dialogue, de la maniere la plus simple & la plus naturelle qu'il m'a été possible.

ENTRETIEN D'UN PHILOSOPHE ET D'UN THÉOLOGIEN

SUR les Tremblemens de Terre, les Orages, &c.

LE PHILOSOPHE.

UN des meilleurs effets de la Philosophie, est sans doute d'avoir affranchi les hommes de la terreur que les phénomenes les plus naturels leur ont causée durant tant de siécles. On ne sauroit trop apprécier des lumieres qui détruisent le plus grand ennemi de la félicité, qui est la crainte. Ne rien craindre, selon l'expression d'un ancien, c'est être heureux (*a*).

LE THÉOLOGIEN.

Ce n'est pas un malheur de craindre; mais c'est un malheur d'être sujet à des calamités, qui sont à craindre. Ne les craindre pas, c'est stupidité, c'est extravagance. Dites-moi, je vous prie, comment la Philosophie a-t-elle affranchi les hommes de la crainte des tremblemens de terre, de la peste, &c?

LE PHILOSOPHE.

En leur apprenant les principes physiques qui les produisent, & en

(*a*) *Felix, qui potuit rerum cognoscere causas,*
Atque metus omnes, & inexorabile fatum
Subjecit pedibus, strepitumque acherontis
avari. L. 2. Georg.

les empêchant d'attribuer à une puissance supérieure & invisible les opérations les plus simples de la nature.

LE THÉOLOGIEN.

Je ne sais si ces principes nous sont aussi connus que vous le suppposez (a); mais quand ils le seroient encore davantage, leurs effets cesseroient-ils d'être redoutables? Un malheur cesse-t-il d'être malheur dès que j'en connois

(a) Tout ce qu'on en dit aujourd'hui, n'est pas plus clair que ce que l'ancienne philosophie nous en a appris; & l'on peut dire de tous les Systémateurs modernes, ce que M. de Voltaire a dit de Descartes :

Ma raison n'a pas plus de foi
Pour René le visionnaire :
Songeur de la nouvelle Loi,
Il éblouit plus qu'il n'éclaire.
Dans une épaisse obscurité
Il fait briller des étincelles.
Il a gravement débité
Un tas brillant d'erreurs nouvelles,
Pour mettre à la place de celles
De la bavarde antiquité.

les causes? Une Ville ne sera-t-elle pas renversée par un tremblement de terre, si ses habitans savent que ce tremblement est produit par des feux souterrains qui cherchent une issue?

LE PHILOSOPHE.

Ce n'est pas ce que je prétens. Je veux dire que les appareils affligeans de la crainte ont disparu. On n'entend plus, comme autrefois, les Prédicateurs annoncer la colere du Ciel, déclamer contre la corruption des mœurs, prêcher la résipiscence & la pénitence. L'on ne voit pas les Eglises remplies de prieurs timides au préjudice des assemblées. Les spectacles ne sont pas interrompus; les plaisirs vont leur train; & si l'on vient à périr, c'est, pour ainsi dire, sans s'en appercevoir.

LE THÉOLOGIEN.

A la bonne heure. Mais qu'est-ce qui a pu empêcher nos peres d'envisager les dangers de la même façon? Périr pour périr, il valoit mieux passer de la joie à la tristesse, que de la tristesse à une autre tristesse.

LE PHILOSOPHE.

Je vous l'ai dit : ces bonnes gens regardoient des événemens très-naturels comme les effets de la colere de Dieu, & s'empressoient à le fléchir par tous les moyens possibles.

LE THÉOLOGIEN.

Vous paroissez un peu prévenu contre les lumieres des Anciens. Leurs erreurs ne sont ni aussi grossieres ni aussi multipliées qu'on veut nous le persuader (*a*). Ils savoient aussi-bien

(*a*) Rien de plus destitué de fondement que la mauvaise opinion qu'on veut nous inspirer du savoir des Anciens. Ils ont été nos maîtres dans les Sciences & les Arts comme dans tout le reste; (voyez l'*Origine des Découvertes attribuées aux Modernes, par M. Dutens. A Paris,* 1776, 2 vol.) mais

que nous que les tremblemens de terre, les orages, les inondations, &c. étoient produits par des causes physiques; mais ils savoient aussi que la Nature obéissoit à Dieu, & se plioit à tous ses desseins: les Livres saints leur avoient appris, que Dieu s'en étoit servi & s'en servoit encore tous les jours pour accabler les méchans, & pour réprimer le crime (a).

---

quand il seroit vrai qu'ils ont peu connu la Physique, ils auroient encore dans la Morale & la Métaphysique une supériorité bien marquée sur les beaux esprits de ce siécle, qui ont donné dans des écarts dont ils ont à rougir aux yeux même de la raison.

(a) *Armabit creaturam ad ultionem inimicorum* Sap. 5, 18. *Pugnabit cum illo orbis terrarum contra insensatos.* Sap. 5, 21. *Commota est & contremuit terra; fundamenta montium conturbata sunt & commota sunt, quoniam iratus est eis.* Ps. 17. *Ab increpatione tuâ, Deus, ab inspiratione spiritûs iræ tuæ.* Ibid. *In spiritu furoris tui congregatæ sunt aquæ.* Exod. 15. — Non-seulement Dieu se sert de la Nature, mais il l'a créée pour être l'exécutrice de ses arrêts. Selon le

LE PHILOSOPHE.

Je ne sais si ce que vous dites est exactement vrai. Le tonnerre a toujours été regardé comme le symbole de la puissance de Dieu, & l'effet immédiat de sa colere. Quant aux tremblemens de terre, je me souviens d'avoir lu dans une Homélie de Saint-Ephrem : *Delirantes dicitis, ex terræ inflatione, & non ex divinâ Providentiâ terræ motus fieri.*

S. Patris Ephrem Syri conc. p. 85.

LE THÉOLOGIEN.

Un Poëte Païen a dit que Dieu faisoit naître le tonnerre comme les

---

Déiste même, il en a prévu tous les usages possibles, & un usage si conforme à sa justice n'a pu ne point entrer dans son dessein. *Ignis, grando, fames & mors, omnia hæc ad vindictam creata sunt ; bestiarum dentes & scorpii & serpentes & rhomphæa vindicans in exterminium impios. In mandatis ejus epulabuntur, & super terram in necessitatem præparabuntur, & in temporibus suis non præterient verbum.* Eccli. 39.

brouillards & les nuées, & il ne laisse pas pour cela de le regarder comme un moyen que la Divinité avoit établi pour imprimer aux mortels une terreur salutaire (*a*). Ceux qui pré-

(*a*) *Illic & nebulas, illic consistere nubes*
Jussit, & humanas motura tonitrua mentes. Lib. I, Metam.

« Ce n'est ni l'ignorance de la Physique, ni la rareté de l'événement, ni la surprise que le tonnerre cause, ni le danger, puisque de 20,000 personnes il n'en périt pas une par la foudre, qui jettent le trouble & la terreur dans l'ame ; c'est la foiblesse toute pure de l'homme qui ne sauroit se soutenir contre ce fracas de l'élément, quand la main qui le conduit en occasionne le dérangement.... Quel spectacle de voir deux cens mille hommes répandus dans une vaste campagne, & qui n'attendent que l'ordre de s'enfoncer! Ordre qu'une effroyable artillerie annonce de tous côtés, & soutenu par le bruit confus de tous les instrumens de guerre. Quel spectacle qu'un tel point de vue sous un ciel serein, qui en releve encore tout l'éclat & toute sa magnificence! Mais qu'est-il ce spectacle en comparaison, lorsque tout-à-coup le ciel s'obscurcissant, les deux armées se trouvent dans les ténèbres, que le tonnerre éclate de toutes parts, que tout l'horizon se

tendent

tendent connoître le plus parfaitement les principes physiques du tonnerre, ne sont pas ceux qui le craignent le moins vivement (*a*). Il semble que l'Auteur de la Nature a attaché au tonnerre une impression toute particuliere, qu'il a voulu en faire le prélude de la destruction du monde par le feu, & nous tracer quelque image de ce terrible événement (*b*). — Le

Terra autem, & quæ in ipsâ sunt opera, exurentur. 2. Pet. 3, 10.

trouve en feu ? Celui qui confond en un moment tant de projets, tant de grands efforts de l'ambition & de l'orgueil, fait, quand il lui plaît, nous faire sentir tout ce qu'il est, & nous apprendre ce que nous sommes. » *Les Hommes*, tome II, page 222.

(*a*) Aucun Philosophe n'a pu expliquer d'une maniere satisfaisante la nature, l'effort & la chûte de la foudre ; ses évolutions sont si singulieres, si anomales, ses effets si peu conformes aux notions reçues, que toutes les observations ne peuvent conduire à un résultat général & sûr. *Quis dedit viam sonantis tonitrui?* Job 38.

(*b*) « Le feu s'étend depuis les étoiles & le soleil jusqu'à nous, il est déjà en action dans les sources d'eaux chaudes & dans les volcans, dont la force & le nombre

Texte même de Saint Ephrem justifie ce Pere du reproche que vous prétendez lui faire. Il traitoit d'extravagans ceux qui excluoient la Providence des événemens naturels. Et réellement, n'est-ce pas en nier l'existence, que de ne pas la croire directrice des accidens physiques? Pourquoi s'attacher précisément aux causes efficientes, & négliger les causes finales; voir l'instrument & ne pas voir le dessein de celui qui le met en mouvement? Le Chancelier

Et non ex divinâ Providentiâ terræ motus fieri.

---

augmentent. Il s'amasse quelquefois dans l'air d'une façon terrible, & nous y donne par la chûte de la foudre ou de la matiere enflammée, & par la multiplication des éclairs qui traversent l'horizon, un prélude affreux de l'incendie universel. La vivacité & l'étendue de ces feux jettent par-tout l'épouvante. Les animaux éperdus se dispersent: les plus résolus se mettent ventre à terre; l'effroi consterne les Nations entieres. Les Rois eux-mêmes sentent pour lors leur petitesse. Tous les hommes confessent par une secrette inquiétude la puissance de ce feu qui dévore tout ce qu'il touche; & leur abattement forcé est un témoignage passa-

Fugêre feræ, & mortalia corda per gentes humilis stravit pavor. L. I. Georg.

Bacon croyoit qu'une pareille philosophie n'étoit bonne qu'à conduire l'homme à l'athéisme (*a*) ; & c'est ef-

---

ger qu'ils rendent à la foi de l'embrasement général, qui leur paroît une folie quand ils jouissent paisiblement de leurs plaisirs. » *Spectacle de la Nature, tome 3.*

(*a*) *Leves gustus in Philosophiâ movere fortasse ad Atheismum, sed pleniores haustus ad Religionem reducère.* L'Auteur de l'Analyse de Bacon, qui a paru en 1755, a paraphrasé ce Texte de la maniere suivante : « Le premier pas de la Philosophie peut » mener à l'Athéisme, parce que le désordre » apparent des causes secondes fait oublier » la cause premiere ; mais la véritable Phi» losophie, qui embrasse l'enchaînement » des parties & leur dépendance d'un sou» verain Moteur, conduit nécessairement à » la Religion. » Si la considération de quelques parties isolées de la Nature ne tient pas toujours évidemment dans tous les esprits à la cause premiere, la totalité des êtres, leur ensemble, leur rapport, leur destination y attachent nécessairement le Philosophe attentif & appliqué. L'horreur & le silence de la Nature dans l'opinion de l'Athée achevent la démonstration. Un Physicien sage, & qui a bien saisi le but général de la Nature, s'exprime élégamment sur ce sujet : *Natura autem mutabilis, Deo*

fectivement où aboutissent presque toujours les génies foibles, qui se bornent à la contemplation de ce qu'ils voient, & attribuent les révolutions de la terre à un pouvoir aveugle, aux caprices de la matiere, à des tourbillons, à des attractions, *à la créature*, comme dit Saint Paul, *plutôt qu'au Créateur.* — Les Saints Peres ont parlé des fléaux naturels du genre-humain comme de la guerre & des tyrans : ils n'ont pas cru qu'Attila avoit été engendré par miracle ; ils l'ont cependant regardé comme la *verge de Dieu*, telle qu'il se disoit lui-même, & qu'il étoit en effet.

Creaturæ potiùs quàm Creatori, qui est benedictus in sæcula. Rom. I.

---

obtemperans, etsi juxta inferioris mundi seriem à solitâ lege deflectat, rapitur tamen divini spiritûs vi, jàm seipsâ propè divinior facta ; quippè quæ legi antiquiori & sanctiori Dei porrigens manum toti se subjicit totam, & vel deerrando ad destinatum à Deo collimat finem. Corn. Gemma in Cosmocriticis.

Le Philosophe.

Les malheurs qui dévastent la terre, & qui en changent la face par tant de révolutions frappantes, mais toujours naturelles (*a*), peuvent servir à faire remonter l'homme à la cause premiere, sans l'obliger à reconnoître, dans ces événemens, la colere du Créateur. L'inconstance des créatures & leur foiblesse, sont un hommage continuel rendu à l'immutabilité & à la puissance de Dieu, qui empêchent les hommes

Terram fundasti & opera manuum tuarum sunt cœli... Sicut opertorium mutabis eos & mutabuntur. Tu autem idem ipse es. Ps. 101.

(*a*) La constitution de la terre & celle des cieux mêmes ont éprouvé de grandes révolutions, & en éprouveront encore. Des étoiles nouvelles ont paru, d'autres ont disparu. La terre réformée par le déluge a éprouvé depuis mille autres changemens. Ici la mer a prévalu, là elle a cédé. De nouvelles Isles se sont formées, des Régions entieres ont disparu. Les fleuves ont changé leur cours, de grands lacs ont pris la place des fertiles campagnes. La destinée des hommes & les évenemens qui les affligent peuvent-ils surprendre, si le ciel & la terre n'ont pas d'état fixe ?

de s'attacher à un séjour misérable, & les obligent de placer ailleurs leurs espérances (*a*).

LE THÉOLOGIEN.

Je n'ai garde de rejetter une réflexion aussi touchante & aussi vraie que celle-là. Mais ces mêmes révolutions, qui nous obligent à adorer l'Auteur de l'Univers, doivent nous faire craindre ce bras puissant qui se sert des ressorts de la Nature pour faire éclater sa justice, & pour extirper ses ennemis.

(*a*) *Atque tales quidem tàmque horribiles terreni globi conversiones, uti infinitam Dei potentiam, ità humanæ sortis incertitudinem patefaciunt; & mortales hujus Geocosmi incolas monent, ut, cùm nihil perpetuum ac stabile, sed omnia caduca, variis fortunæ casibus ac interitui obnoxia cognoscerent; cogitationes suas, studia, animum & mentem ad sempiterna & sublimia bona erigant, Deo soli inhient, in cujus manu sunt omnes fines terræ.* M. subt. p. I, L. 2, C. 12.

LE PHILOSOPHE.

L'Eternel n'a pas beſoin du ſecours des agents naturels contre ſes ennemis: il peut renverſer le monde, & leur creuſer un tombeau dans les abymes.

LE THÉOLOGIEN.

Qui en doute? Mais s'il ne veut pas ſe venger de la ſorte, preſcrirez-vous des régles à ſa colere? Rien ne l'oblige à multiplier les miracles. Il eſt même de ſa grandeur & de ſa ſageſſe de ne pas altérer ſans néceſſité le cours ordinaire des choſes, de mettre autant de douceur que d'efficace dans les reſſorts de ſa Providence. Quelquefois il vérifie ſes menaces par des effets ſurprenans de ſa toute-puiſſance; d'autres fois ſa vengeance ſe cache ſous le voile des événemens naturels (*a*).

Attingit a fine uſque ad finem fortiter, & diſponit omnia ſuaviter. Sap. 8, 1.

(*a*) *Non enim impoſſibilis erat manus tua, quæ creavit orbem ex materiâ inviſâ, immittere illis multitudinem urſorum, aut*

LE PHILOSOPHE.

Vous penſez donc que les calamités publiques ſont toujours l'effet de nos péchés, & que ſi Liſbonne a péri, c'eſt parce qu'elle étoit criminelle. Mais un grand Génie a remarqué que *Liſbonne n'étoit plus, & qu'on danſoit à Paris.* Cette derniere ville, ſelon toutes les apparences, plus criminelle que Liſbonne, par les déſordres preſque toujours inſéparables d'une exceſſive multitude, par un débordement incroyable des mœurs, par les fruits amers de l'irréligion; Paris, dis-je, devoit, dans votre ſyſtême, périr avant Liſbonne.

M. de Voltaire.

LE THÉOLOGIEN.

1.° Je n'ai pas dit que les calamités publiques étoient *toujours* envoyées en

---

audaces leones, aut novi generis irâ plenas ignotas beſtias, aut vaporem ignium ſpirantes.... ſed omnia in menſurâ & numero & pondere diſpoſuiſti. Sap. 11.

punition de nos péchés, quoique je puisse le croire. Il suffit qu'elles le soient quelquefois, & qu'elles puissent l'être, pour que nos peres aient été fondés à les éloigner par la pénitence & par la priere.

2.° Les jugemens de Dieu sont impénétrables. Nous ne pouvons savoir qui est plus ou moins coupable à ses yeux; toutes les apparences du monde ne suffisent pas pour en juger.

3.° Dieu ne commence pas toujours sa vengeance par les plus coupables (*a*). Il châtioit séverement son peuple choisi, tandis qu'il faisoit prospérer les autres. Oza, pour avoir touché l'Arche, n'étoit pas le plus coupable de la Nation Juive. La curiosité des Bethsamites n'étoit pas aussi monstrueuse que l'idolâtrie des Egyptiens. Les plus punis sont ceux

2. Reg. 6.

1. Reg. 6.

(*a*) *Putatis, quod hi Galilæi præ omnibus Galilæis peccatores fuerint, quia talia passi sunt? non, dico vobis.* Luc 13, 2.

dont la punition est le plus long-temps différée (*a*). Ainsi, l'observation de votre *grand Génie* est absolument déplacée.

4.° Les prieres & les vertus de quelques grands Serviteurs de Dieu, détournent souvent son bras des Villes
Gen. 28. les plus coupables. Dix justes auroient sauvé Sodome.

5.° Quand il seroit vrai que nos péchés n'ont aucune part à ces malheurs, il seroit toujours nécessaire de recourir à Dieu ; il est le maître de la Nature : toutes les causes physiques & leurs effets sont dans sa main. Mais je ne prétends pas actuellement insister sur cette derniere réflexion.

LE PHILOSOPHE.

Il est naturel de croire que Dieu

(*a*) *Lento gradu ad vindictam sui divina procedit ira, tarditatemque supplicii gravitate compensat.* Val. Max. l. 3. *Ut saginatus in pœnam carius pereat.* S. Cypr. *Quasi victimæ ad supplicium saginantur.* Tertull.

réſerve ſes châtimens après la vie de l'homme : nous voyons les impies jouir tranquillement de leurs crimes, porter la gloire & le bonheur au tombeau.

LE THÉOLOGIEN.

Le triomphe conſtant de quelques impies éprouve la foi des Juſtes ; démontre l'immortalité de nos ames, qui remettra tout en ſa place (*a*), & ſuppoſe l'éternité de Dieu, auquel le temps de la vengeance ne peut échapper (*b*) : mais il s'en faut bien que la

Juſtum & impium judicabit Deus, & tempus omnis rei tunc erit. Eccli. 3.

(*a*) Cette démonſtration eſt reconnue par un de nos plus célèbres Philoſophes : « Quand je n'aurois d'autres preuves de » l'immortalité de l'ame que le triomphe » du méchant & l'oppreſſion du juſte, cela » ſeul m'empêcheroit d'en douter. » *Eſp. max. & princ. de J. J. Rouſſeau.*

(*b*) *Tu autem, Domine virtutis, cum tranquillitate judicas, & cum magnâ reverentiâ diſponis nos ; ſubeſt enim tibi cùm volueris, poſſe.* Sap. 1. *Altiſſimus eſt patiens redditor.* Eccli. 5. *Deus judex juſtus, fortis & patiens, numquid iraſcitur per ſingulos dies?* Pſal. 7. *Quoniàm mille anni ante oculos*

prospérité des méchans soit générale. Si Dieu punissoit les hommes toutes les fois qu'ils le méritent, il en auroit bientôt détruit l'espèce; s'il ne punissoit jamais, on seroit tenté de croire qu'il n'y a point de Providence (*a*). Toutes les Histoires parlent des châti-

Ut non extendant justi ad iniquitatem manus suas. Ps. 124.

tuos, tanquàm dies hesterna quæ præteriit, & custodia in nocte. Psal. 89. — *Patiens quià æternus est, quià fortis est, quià Deus est.* Aug. *Attendis ad dies tuos paucos, & diebus tuis paucis vis impleri omnia.* Id. — On doit lire sur cette matiere l'excellent Traité de Plutarque, *de serâ numinis vindictâ.* On sera surpris de trouver une Théologie si solide & si lumineuse dans un Auteur payen. C'est le fruit des notions vraies de la Divinité qui se développent aisément dans une raison saine, & plus encore le fruit de l'Evangile qui éclairoit le monde depuis cent vingt ans, & qui donnoit des principes sûrs, non-seulement aux Chrétiens, mais encore à l'altiere Philosophie qui méconnoissoit son autorité.

(*a*) *Mei autem pœnè moti sunt pedes, pœnè effusi sunt gressus mei.*

Quià zelavi super iniquos, paçem peccatorum videns, &c. Ps. 72.

mens visibles dont il a accablé des Nations entieres (*a*).

LE PHILOSOPHE.

Vous ne croyez donc pas, par exemple, qu'*Herculanum* ait péri *précisément* parce qu'il étoit trop voisin du Mont-Vésuve? & la mine qui détruisit la ville de Pleurs en 1618 (*b*), ainsi que celle qui a fait

(*a*) On peut en voir plusieurs exemples dans l'excellent Ouvrage de Salvien sur la Providence. *Dies me deficiet, si de præsentibus in hoc mundo sententiis Dei atque judiciis velim dicere.* De Prov. l. 2.

(*b*) « La ville de Pleurs, dit M. de la » Lande, qui étoit à une lieue de Chavannes, » dans le pays des Grisons, vers les confins » du Milanois, fut abîmée le 26 du mois » d'Août 1618 par une montagne qui se fen- » dit, & tomba sur la Ville, de maniere » qu'il n'en échappa pas une seule personne » de plus de deux mille habitans. » « C'é- » toit, ajoute ce Voyageur philosophe, un » lieu d'agrément, où les Francken & d'au- » tres riches Milanois alloient passer l'au- » tomne; il étoit devenu célèbre par les » amusemens ou les désordres qui y re- » gnoient. Un Ministre zélé avoit menacé

ſauter Comorre en 1763 (*a*), tenoient, ſelon vous, leur place dans les deſſeins du Maître de la terre?

LE THÉOLOGIEN.

Tel eſt réellement mon ſentiment; & l'idée que j'ai de la Providence, ne me permet pas d'en avoir d'autre. Si j'avois pénétré les raiſons qui ont dirigé la ſageſſe & la juſtice de Dieu dans ces terribles événemens, je pourrois vous en inſtruire : mais quoique je ne les connoiſſe pas, je ne puis douter qu'il n'en ait eu. Les déterminer, ce ſeroit

---

» les habitans de la colere de Dieu, & l'on » ne manqua pas d'attribuer à la vengeance » divine ce terrible événement. » *Voyage en Italie, Tome I, page 9, édit. de 1769.*

(*a*) Ville de Hongrie, ſituée à l'extrémité orientale de l'Iſle de Schutt. Le Dictionnaire Géographique de Voſgien, imprimé quatre ans avant la ruine de cette Ville, dit: *Il n'y a pas de Ville en Europe où l'on faſſe de ſi grandes réjouiſſances pendant toute l'année.* Les divertiſſemens exceſſifs entraînent preſque toujours le déſordre.

ſe livrer à des conjectures téméraires, & donner dans les viſions du fanatiſme.

LE PHILOSOPHE.

Ces cataſtrophes puniſſent également les bons & les méchans, les innocens & les coupables, & ne peuvent dès-lors être les inſtrumens de la colere d'un Dieu juſte. Vous ſavez ce que M. de Voltaire a dit ſi judicieuſement au ſujet d'un navire qui avoit péri : *Le diable a ſubmergé le Pilote, qui étoit un ſcélérat; mais qui a ſubmergé les autres ?* Je condamnerois le Prince qui détruiroit une ville rébelle, où il auroit encore quelques ſujets fidèles.

LE THÉOLOGIEN.

Je ne ſais ſi dans toute circonſtance la conduite de ce Prince ſeroit condamnable : par exemple, quand la perte de quelques innocens eſt inſéparable du ſalut de la patrie, ou de l'exécution de quelque deſſein très-important. Au reste là comparaison ne conclut pas. Le juste ne peut périr dans la main de Dieu. Quelques années de moins sur la terre, ne peuvent être regardées comme un malheur pour un homme qui ne vise qu'à l'éternité. La paille est séparée du grain sous la main du batteur. L'huile coule épurée après avoir passé sous la meule, qui a brisé l'amande & ses enveloppes. La même main qui s'appesantit sur le juste, l'éprouve & le purifie, tandis que le pécheur se désespere & se damne (*a*).

Sive vivimus, sive morimur, Domini sumus. Rom. 14, 8.

LE PHILOSOPHE.

Vous parlez vraiment en Théologien; & quoique je n'aie pas toujours raisonné selon vos principes, je ne laisse

(*a*) *Creatura enim tibi factori deserviens, exardescit in tormentum adversus injustos, & lenior fit ad benefaciendum his qui in te confidunt* Sap. 16. *Una eademque vis irruens bonos probat, purificat, eliquat; malos vastat, damnat, exterminat.* August.

pas d'avoir fait des réflexions qui les appuient. J'ai vu les ruines *d'Herculanum.* Les excès les plus abominables y étoient célébrés comme des vertus. On ne sauroit voir les images qui en restent sans être saisi d'horreur. Le vice doit être porté bien loin quand la peinture & la sculpture l'immortalisent, & en font l'ornement d'une Ville (*a*).

LE THÉOLOGIEN.

Votre réflexion me rappelle un beau passage de Job: *Dieu dans sa colere transporte les montagnes: ses ennemis sont ensevelis sous leur chûte, sans*

Qui transtulit montes, & nescierunt hi, quos subvertit in furore suo. Job. 9.

(*a*) M. Fougeroux de Bondaroy (*Recherches sur les Ruines, &c.*) travaille à affoiblir la force de cette preuve par des explications auxquelles il est impossible d'acquiescer. Les monumens des Nations sont l'image subsistante de leurs mœurs. *Sapientiam enim prætereuntes non tantùm in hoc lapsi sunt ut ignorarent bona, sed & insipientiæ suæ reliquerunt hominibus memoriam, ut in his quæ peccaverunt, nec latere potuissent.* Sap. 9.

ſavoir eux-mêmes comment ils ont péri. C'eſt à la lettre le deſtin *d'Herculanum* & de la ville de Pleurs, dont vous venez de parler. Si les déſordres des autres Villes qui périſſent de la ſorte, ſont moins connus, on ne doit pas conclure qu'il n'y en ait pas. Je paſſe par une place publique, je vois conduire un homme au ſupplice, j'ignore les raiſons de l'arrêt de mort prononcé contre lui; mais je ne dois pas conclure que les juges n'en ont point eu.

LE PHILOSOPHE.

Quelque raiſonnables que ſoient ces conſidérations, elles ne laiſſent pas d'être affligeantes. Regarder les fléaux de l'humanité comme les opérations d'un Dieu irrité, c'eſt voir ſans ceſſe un glaive deſtructeur ſuſpendu ſur ſa tête, au-lieu que le Naturaliſte n'y voit que le déſordre des élémens.

LE THÉOLOGIEN.

Un désordre aveugle n'est-il pas plus à craindre que celui qui dépend des ordres d'un Être juste & sage, dont la main ne frappe que ceux qui ne s'empressent pas de l'arrêter (*a*)? La terre tremble, ses gouffres s'entre-ouvrent de toutes parts, les cèdres sont renversés, tous les élémens se brisent & se confondent; la nature expirante n'attend, ce semble, que le dernier coup qui va la réduire en poussiere. Qui soutiendra avec plus de tranquillité la vue de ce terrible spectacle? Le Chrétien, qui regarde tout ce fracas comme l'expression de la puissance souveraine d'un Dieu qu'il aime, dont il a sujet de se croire aimé, & dont le glaive s'arrête

---

(*a*) *Non est evellendus, ut Stoïci, neque temperandus timor, ut Peripathetici volunt; sed in veram viam dirigendus est, aufferendique sunt metus, sed ità, ut is solus relinquatur, qui quoniàm legitimus ac verus est, solus efficit, ut possint cætera omnia non timeri.* Lactant. Lib. 6. de vero Cultu. N. 17.

à la vue des larmes du pécheur; ou bien le Philosophe, qui ne voit en cela qu'une matiere inerte & agitée par des impulsions nécessaires? Où se refugiera l'esprit-fort? ira-t-il se blottir au fond d'une cave? Se concentrera-t-il en lui-même comme dans un asyle contre la main qui le poursuit? Où se refugiera-t-il, sinon dans le sein de celui devant qui l'univers s'abaisse & s'humilie?

LE PHILOSOPHE.

Ne pourroit-on pas croire que le Créateur abandonne la nature aux loix qu'il a établies pour la diriger & la contenir dans les bornes nécessaires à la conservation du monde en général, sans lui défendre de nuire à quelques-unes de ses parties; & que, selon ces loix, les agents secondaires préparent la ruine d'une petite partie de la terre, sans que les péchés de ses habitans aient provoqué la colere du Ciel?

LE THÉOLOGIEN.

En ce cas même leurs prieres &

leur pénitence ne ſeroient pas déplacées.

LE PHILOSOPHE.

Dans les principes de la Religion elles auroient leur mérite devant Dieu ; mais elles ne ſerviroient point à écarter un fléau que la nature a formé d'elle-même.

LE THÉOLOGIEN.

C'eſt en quoi vous vous trompez. Le Maître de la nature en dirige la marche comme bon lui ſemble ; ſenſible à la priere de ſes ſerviteurs, il détourne les ravages qu'elle médite, ſans pour cela déranger toujours les loix qu'il lui a preſcrites : le feu qui mine telle Ville, trouve une ſortie & ſe diſſipe (*a*) ; l'air contagieux ſe purifie par les vents, le froid, &c. ſans que pour cela la nature ſoit dérangée dans ſes opérations. La conſervation de notre globe

(*a*) Ninive devoit vraiſemblablement périr par un tremblement de terre. Peut-être la mine étoit-elle prête à jouer.

Excedit profectò omnia miracula, ullum fuisse diem, in quo non cuncta conflagrarent. Plin. Hist. Nat. L. 2.

est un miracle continuel. A chaque instant le feu souterrain, uni à celui de l'athmosphere, devroit le détruire, si la main du Créateur ne tenoit cet élément enchaîné (*a*): lui lâcher la bride, c'est en quelque sorte faire cesser le prodige & rendre la nature à elle-même; l'empêcher de nuire, c'est le miracle que Dieu opere sans cesse, & qui par-là n'est pas miracle. Mais fallut-il violer les régles les plus importantes de la nature, arrêter le cours du soleil, faire un passage à travers les mers, changer les élémens, ressusciter les morts; notre Foi nous apprend que la priere le peut, & les Histoires les plus respectables en font preuve.

(*a*) « Toute la nature est réellement » pleine d'un feu très-actif, auquel Dieu » donne un frein, jusqu'à ce qu'il soit temps » de le laisser agir avec liberté. » *Spect. de la Nat. t. 3. — Nisi ambitu oceani & omnipotentis Dei jussu cohiberetur, universam elementaris naturæ molem in inextinguibile traheret incendium.* Kirch. M. subt. p. 1, lib. 4, cap. 2, coroll. 3.

LE PHILOSOPHE.

Dieu, pour des raiſons connues à ſon impénétrable providence, peut ne point exaucer les prieres faites en vue d'une délivrance temporelle, & remplir par nos malheurs des vues ſupérieures que nous ne pouvons qu'adorer.

LE THÉOLOGIEN.

En ce cas la pénitence & la priere ſont plus néceſſaires que jamais; puiſqu'il faut périr, & que les Philoſophes mêmes ſongent à une autre vie quand celle-ci eſt prête à finir.

LE PHILOSOPHE.

On ne peut mieux juſtifier la conduite que la crainte de ces malheurs faiſoit tenir à nos aïeux. Vous me faites revenir de mes préjugés, & le langage philoſophique me perſuadera moins aiſément dans la ſuite. La réflexion que vous venez de faire en dernier lieu, a beaucoup de rapport avec un beau diſcours que j'ai entendu à Nevers en

1755, ſur la ruine de Liſbonne (*a*). L'Orateur, ſans entrer dans aucune diſcuſſion ſur la cauſe de ce triſte événement, prouve que la ruine de Liſbonne avertit tout le monde de retourner à Dieu, de faire pénitence, d'imiter la prudence & la Religion de nos Peres.

(*a*) Le précis de ce diſcours ſe trouve dans le Dictionnaire portatif des Prédicateurs.

Exorde. Nous devons des larmes au malheur de nos freres, & leur malheur doit ſervir à notre inſtruction.

Premiere Partie. La ruine de Liſbonne eſt un événement bien triſte & bien déplorable pour un grand nombre de ſes habitans, qui ne ſongeoient pas à leur converſion.

Seconde Partie. La ruine de Liſbonne eſt un avertiſſement bien frappant pour nous de penſer ſérieuſement à notre converſion; parce qu'il eſt incertain ſi le malheur de Liſbonne ne nous arrivera pas; parce qu'il eſt certain que le malheur de la ſurpriſe nous arrivera, quoique d'une autre maniere.

FIN.

☞ PLUSIEURS MOIS avant que la ſeconde Édition de cet Ouvrage parut, Meſſieurs les Auteurs du *Journal des Savans* en avoient eu connoiſſance par le Cenſeur, à qui le Magiſtrat l'avoit renvoyé, & perſuadés qu'il alloit paroître, ils crurent devoir en faire la critique pour prévenir le Public contre les aſſertions de l'Auteur. On lit dans le Journal de Février 1778, *page* 357, le paſſage ſuivant : « Cette Brochure » eſt le fruit du zèle d'un Eccléſiaſti» que plus pieux que ſavant. Il craint » que l'Aſtronomie & la Phyſique ne » diminuent la foi, & ne nuiſent à la » Religion ; en conſéquence il tâche » d'en faire voir l'incertitude dans plu» ſieurs points : mais il n'étoit pas aſſez » inſtruit pour remplir ſon objet ; & » s'il l'eût été davantage, il eût penſé » autrement. Il cite des autorités qui » ne prouvent rien, & des faits qui » ſont démontrés faux : les noms mêmes » & les dates y ſont ſouvent défigu» rés. »

Quoique je n'aie pas à me louer du

ton & de la maniere dont cette censure est conçue, je ne me permettrai d'autres réflexions que celles qui naissent de la chose même. *Cette Brochure est le fruit du zèle d'un Ecclésiastique plus pieux que savant.* Il me paroît que la *piété* & le *zèle* ne font pas le caractère de ce petit Ouvrage ; je n'y parle que très-peu de religion, & cela en passant, & par occasion, excepté dans le sixième Entretien, dont l'objet est réellement théologique. — *Il craint que l'Astronomie & la Physique ne diminuent la foi.* Il n'y a pas un mot qui puisse faire naître l'idée de cette crainte. J'ai prouvé qu'on avoit quelquefois abusé de l'Astronomie & de la Physique pour débiter de grandes absurdités ; mais j'ai toujours été très-convaincu que les règles immuables de la Nature & les révolutions des globes célestes étoient parfaitement d'accord avec les enseignemens de la Religion. Pour croire le contraire, j'aurois dû supposer dans Dieu, Auteur de la Nature comme de la Foi, une division & une contradiction incompatibles avec son essence : or Messieurs les Journalistes peuvent-ils croire que j'aie eu une pareille idée? Et s'ils ne l'ont pas cru, je demande s'il y a beaucoup d'honnêteté d'attribuer aux gens des extravagances dont on ne les croit pas capables? — *En conséquence il tache d'en faire voir l'incertitude dans plusieurs points.* Non, ce n'est pas en conséquence d'une si plaisante idée que j'ai tâché de *faire voir l'incertitude de plusieurs* assertions physiques ou astronomiques; c'est *en conséquence* des recherches que j'ai faites sur ces matieres, & dont il eût fallu montrer la fausseté & l'*inconséquence*. — *Mais il n'étoit pas assez instruit pour remplir son objet; & s'il l'eût été davantage, il eût pensé autrement.* Singulière contradiction! telle qu'assurément on n'en trouvera pas dans mon Livre. Je n'étois *pas assez instruit* pour prouver que j'avois raison; & si je *l'avois été davantage*, j'aurois vu que j'avois tort: c'est-à-dire, que si j'avois *été plus instruit*, j'aurois prouvé le *oui* & le *non*. — *Il cite des autorités qui ne prouvent rien.* Je cite Tycho, Copernic, Galilée, Wolff, Cassini, Huygens, de la Lande, &c. Je ne pouvois citer d'autorités plus assorties à la matiere que je traitois. Je cite des Professeurs célèbres, qui ont enseigné le Newtonianisme avec gloire dans les Universités de Vienne; de Tyrnau, de Gratz, &c. Enfin dans les affaires qui appartiennent plus aux raisonnemens qu'à l'algèbre, je cite Bacon, Rousseau, d'Aguesseau, Buffon, &c. Ces noms ne sont pas inconnus aux Journalistes. — *Et des faits qui sont démontrés faux.* Quels sont ces *faits ?* Ces *faits démontrés faux* sont-ils la base de toutes les Observations contenues dans ce Recueil, ou de quelques-unes seulement, & de quelles enfin ? Voilà bien des choses que les Critiques ont laissé deviner. Pour moi, je sais bien que ce que j'ai dit de la mesure de la terre, de l'éloignement des Astres, de leur grandeur, de la hauteur des montagnes, de la possibilité de calculer les résultats des suppositions arbitraires, &c. &c, n'est pas *démontré faux*, mais bien *démontré vrai*; & ces démonstrations servent de fondement à presque toutes mes assertions. — *Les noms mêmes & les dates y sont souvent défigurés.* Comme je ne me souviens pas d'avoir cité des noms qui me fuſſent inconnus, j'ai quelque doute ſur l'exactitude de cette cenſure. Quant aux dates, je ne m'en rappelle aucune qui ſoit de conſéquence, ou qui ſerve de baſe à un raiſonnement; mais quelques indifférentes qu'elles puiſſent être, je recevrai avec reconnoiſſance les moyens qu'on me donnera de les redreſſer. *Nos & refellere ſine pertinaciâ, & refelli ſine iracundiâ parati ſumus.* Cic. 2, Tuſc. l. 5.

APPROBATION.

J'AI examiné, par ordre de Monseigneur le Garde des Sceaux, un Manuscrit intitulé : *Observations Philosophiques sur les Systêmes de Newton*, &c. par M. l'Abbé Flexier de Réval ; & je n'y ai rien trouvé qui en doive faire défendre l'impression. A Paris, le 18 Août 1777.

DE LA LANDE, Censeur Royal.

PRIVILÉGE DU ROI.

LOUIS, PAR LA GRACE DE DIEU, Roi de France & de Navarre : A nos amés & féaux Conseillers les Gens tenans nos Cours de Parlement, Maîtres des Requêtes ordinaires de notre Hôtel, Grand-Conseil, Prévôt de Paris, Baillifs, Sénéchaux, leurs Lieutenans Civils, & autres nos Justiciers qu'il appartiendra : SALUT. Notre amé le sieur BERTON, Libraire à Paris, nous a fait exposer qu'il desireroit faire imprimer & donner au Public un Ouvrage, qui a pour titre : *Observations philosophiques sur les Systêmes de Newton, Copernic*, &c. S'il Nous plaisoit lui accorder nos Lettres de Permission pour ce nécessaires. A ces causes, voulant favorablement traiter l'Exposant, Nous lui avons permis & permettons par ces Présentes, de faire imprimer ledit Ouvrage autant de fois que bon lui semblera, & de le faire vendre & débiter par tout notre Royaume, pendant le tems de cinq années consécutives, à compter du jour de la date des Présentes. Faisons défenses à tous Imprimeurs, Libraires, & autres personnes, de quelque qualité & condition qu'elles soient, d'en introduire d'impression étrangère dans aucun lieu de notre obéissance : A la charge que ces Présentes seront enrégistrées tout au long sur le Registre de la Communauté des Imprimeurs & Libraires de Paris, dans trois mois de la date d'icelles; que l'impression dudit Ouvrage sera faite dans notre Royaume & non ailleurs, en bon papier & beaux caractères; que l'Impétrant se conformera en tout aux Réglemens de la Librairie, & notamment à celui du 10 Avril 1725, à peine de déchéance de la présente Permission; qu'avant de l'exposer en vente, le manuscrit qui aura servi de copie à l'impression dudit Ouvrage, sera remis dans le même état où l'Approbation y aura été donnée, ès-mains de notre très-cher & féal Chevalier Garde des Sceaux de France, le Sieur Hue de Miroménil; qu'il en sera ensuite remis deux Exemplaires dans notre Bibliothèque publique, un dans celle de notre Château du Louvre, un dans celle de notre très-cher & féal Chevalier Chancelier de France, le Sieur de Maupeou, & un dans celle dudit Sieur HUE DE MIROMÉNIL : le tout à peine de nullité des Présentes. Du contenu desquelles vous mandons & enjoignons de faire jouir ledit Exposant & ses ayans causes, pleinement & paisiblement, sans souffrir qu'il leur soit fait aucun trouble ou empêchement : voulons qu'à la copie des Présentes, qui sera imprimée tout au long au commencement ou à la fin dudit Ouvrage, foi soit ajoutée comme à l'original. Commandons au premier notre Huissier ou Sergent sur ce requis, de faire pour l'exécution d'icelles, tous actes requis & nécessaires, sans demander autre permission, & nonobstant clameur de Haro, Charte Normande & Lettres à ce contraires. Car tel est notre plaisir. DONNÉ à Paris, le vingt-cinquième jour du mois de Février, l'an de grace mil sept cent soixante-dix-huit, & de notre règne le quatrième. Par le Roi en son Conseil.

Signé, LE BEGUE.

Registré sur le Registre XX de la Chambre Royale & Syndicale des Libraires & Imprimeurs de Paris, n.° 1123, fol. 494, *conformément aux Dispositions énoncées dans la présente Permission. A Paris, ce 11 Mars 1778.*

A. M. LOTTIN, l'aîné, Syndic.

De l'Imprimerie de la V.e HÉRISSANT, Imprimeur du Cabinet du ROI. 1778.

www.ingramcontent.com/pod-product-compliance
Ingram Content Group UK Ltd.
Pitfield, Milton Keynes, MK11 3LW, UK
UKHW020115200726
13856UKWH00002B/555

9 782013 070935